관광일본어

이응진 · 송경희

Japanese for Touring

백산출판사

머리말

일본어는 한국을 방문하는 일본인 관광객에게 가장 필요한 서비스 중의 하나이다. 단지 통역이나 언어 전달차원을 넘어 일본문화를 알고, 일본인의 정신세계를 충분히 이해한 바탕에서 관광관련 커뮤니케이션이 이루어진다면 최상의 서비스가 될 것이다.

이 책은 일본어 입문단계부터 관광통역 관련어휘와 회화문을 실제로 일어날 수 있는 다양한 사례들을 적극 수용하여 관광산업에 종사하고자 하는 분은 물론, 이미 현장에서 근무하고 있는 실무자도 학습과 동시에 무리 없이 대비할 수 있도록 하였다. 또한, 회화문형 속에 내재된 문법적인 표현도 실제상황에서 바로 활용할 수 있는 문체들로 응용해 놓았다.

그리고 일본인의 이름을 제대로 읽을 수 있다는 것은 정말 어렵다. 이러한 점을 감안하여 다양한 이름의 주인공을 등장시켜 학습자로 하여금 일반적으로 통용되는 일본인의 이름을 쉽게 익힐 수 있도록 하였다. 특히, 연습문제 01의 경우는 학습자가 충분히 생각해서 다양한 답을 유도해 내기 위해 해답을 적지 않았다. 이는 학습자 자신의 역량을 최대한 활용하여 문장을 만들어내는 연습을 하여 실전에서 상황에 맞는 회화문을 구사하여야 하기 때문이다.

관광일본어를 공부하는 학습자는 우리의 가치관과 문화유산을 더 돋보이게 하기 위해 최상의 인적서비스가 수반되어야 함을 인지하여야 한다. 때문에 먼저 우리를 알고, 우리와 다른 관광객의 나라와 문화는 물론, 인식의 차이를 이해하고 배려하여 정성어린 서비스를 제공하는 데 최선을 다하여야 할 것이다.

아무쪼록 본 교재의 특징을 잘 활용하여 충분히 익히고 학습하여 한국과 일본의 새로운 이해도를 얻어낼 수 있는 교량 역할을 해준다면 더 바랄 나위가 없을 것이다.

저자 씀

목 차

1課 日本語の文字と発音

1 課 日本語の文字と発音

01 히라가나(ひらがな)

日本語の文字と発音

(1) 청음(清音)

あ a	い i	う u	え e	お o
か ka	き ki	く ku	け ke	こ ko
さ sa	し shi	す su	せ se	そ so
た ta	ち thi	つ tsu	て te	と to
な na	に ni	ぬ nu	ね ne	の no
は ha	ひ hi	ふ hu	へ he	ほ ho
ま ma	み mi	む mu	め me	も mo
や ya	(い) i	ゆ yu	(え) e	よ yo
ら ra	り ri	る ru	れ re	ろ ro
わ wa	(ゐ) i	(う) u	(ゑ) e	を o
ん N				

(2) 탁음(濁音)

が ga	ぎ gi	ぐ gu	げ ge	ご go
ざ za	じ ji	ず zu	ぜ ze	ぞ zo
だ da	ぢ ji	づ zu	で de	ど do
ば ba	び bi	ぶ bu	べ be	ぼ bo

(3) 반탁음(半濁音)

ぱ pa	ぴ pi	ぷ pu	ぺ pe	ぽ po

(4) 요음(拗音)

きゃ kya	きゅ kyu	きょ kyo	ぎゃ gya	ぎゅ gyu	ぎょ gyo
しゃ sya	しゅ syu	しょ syo	じゃ ja	じゅ ju	じょ jo
ちゃ cha	ちゅ chu	ちょ cho	ぢゃ ja	ぢゅ ju	ぢょ jo
にゃ nya	にゅ nyu	にょ nyo	びゃ bya	びゅ byu	びょ byo
ひゃ hya	ひゅ hyu	ひょ hyo			
みゃ mya	みゅ myu	みょ myo			
りゃ rya	りゅ ryu	りょ ryo	ぴゃ pya	ぴゅ pyu	ぴょ pyo

02 가타카나(カタカナ)

日本語の文字と発音

(1) 청음(清音)

ア a	イ i	ウ u	エ e	オ o
カ ka	キ ki	ク ku	ケ ke	コ ko
サ sa	シ shi	ス su	セ se	ソ so
タ ta	チ thi	ツ tsu	テ te	ト to
ナ na	ニ ni	ヌ nu	ネ ne	ノ no
ハ ha	ヒ hi	フ hu	ヘ he	ホ ho
マ ma	ミ mi	ム mu	メ me	モ mo
ヤ ya	(イ) i	ユ yu	(エ) e	ヨ yo
ラ ra	リ ri	ル ru	レ re	ロ ro
ワ wa	(ヰ) i	(ウ) u	(ヱ) e	ヲ o
ン N				

(2) 탁음(濁音)

ガ ga	ギ gi	グ gu	ゲ ge	ゴ go
ザ za	ジ ji	ズ zu	ゼ ze	ゾ zo
ダ da	ヂ ji	ヅ zu	デ de	ド do
ば ba	び bi	ぶ bu	べ be	ぼ bo

(3) 반탁음(半濁音)

パ	ピ	プ	ペ	ポ
pa	pi	pu	pe	po

(4) 요음(拗音)

キャ kya	キュ kyu	キョ kyo	ギャ gya	ギュ gyu	ギョ gyo
シャ sya	シュ syu	ショ syo	ジャ ja	ジュ ju	ジョ jo
チャ cha	チュ chu	チョ cho	ヂャ ja	ヂュ ju	ヂョ jo
ニャ nya	ニュ nyu	ニョ nyo	ビャ bya	ビュ byu	ビョ byo
ヒャ hya	ヒュ hyu	ヒョ hyo			
ミャ mya	ミュ myu	ミョ myo			
リャ rya	リュ ryu	リョ ryo	ピャ pya	ピュ pyu	ピョ pyo

03 일본어의 발음 日本語の文字と発音

(1) 장음(長音)

히라가나(ひらがな)의 「あ・い・う・え・お」는 한 음절 길이의 장음으로 발음되며, 가타카나(カタカナ)의 모든 장음은 「一」로 표기한다.

》「あ」단

おかあさん 어머니	おばあさん 할머니	カーテン 커튼	スカート 스커트

》「い」단

おにいさん 형, 오빠	おじいさん 할아버지	ビール 맥주	タクシー 택시

》「う」단

くうき 공기	すうがく 수학	ぎゅうにゅう 우유	ふうふ(夫婦) 부부
スーパー 슈퍼마켓			

》「え」단

おねえさん 언니, 누나	えいご 영어	ケーキ 케이크	セーター 스웨터

》「お」단

おおい 많다	とおい 멀다	おとうと 남동생	コーヒー 커피

(2) 촉음(触音)「つ」

받침역할을 하는 촉음은「つ」를 작게 써서 표기하며, 한 음절로 독립된 길이를 가진다. 「つ」의 다음에 오는 음에 따라서 [k], [s], [t], [p]로 발음된다.

》[k] : 「か」행 앞에서

いっかい 1층	がっこう 학교	さっか 작가	しっけ 습기
そっくり 꼭 닮음	にっき 일기	まっか 새빨간	

》[s] : 「さ」행 앞에서

あっさり 깨끗이	けっせき 결석	こっそり 살짝	ざっし 잡지
まっすぐ 똑바로	いっさい 한 살		

〉〉[t]：「た」행 앞에서

あさって 모레	**おっと** 남편	**きって** 우표	**くっつく** 달라붙다
こっち 이쪽	**まったく** 전혀	**みっつ** 셋	**ちょっと** 잠깐

〉〉[p]：「ぱ」행 앞에서

いっぱい 한잔	**いっぴき** 한 마리	**きっぷ** 차표	**ほっぺた** 볼, 뺨
すっぽり 푹(몽땅 덮는 모양)			

(3) 발음(撥音) 「ん」

발음(撥音)은 콧소리로서 첫머리에 오는 경우는 없고 항상 다른 글자에 붙어 사용되며 반드시 모음 다음에 온다. 한국어의 받침과 비슷한 기능을 하지만 한 음절 길이를 가지며 놓인 자리에 따라 [n], [m], [ŋ], [N] 등으로 발음된다.

〉〉[n]：「さ, ざ, た, だ, な, ら」행 앞에서

おんな 여자	**ぎんざ** 긴자(지명)	**けんさ** 검사	**はんたい** 반대
ばんざい 만세	**ほんだな** 책꽂이	**ほんらい** 본래	**もんだい** 문제

〉〉[m]：「ば, ぱ, ま」행 앞에서

かんぱい 건배	**こんぶ** 미역	**さんま** 꽁치	**さんぽ** 산책
はんばい 판매	**ぶんめい** 문명		

〉〉[ŋ]：「か, が」행 앞에서

かんこく 한국	**げんき** 건강함	**けんか** 싸움	**まんが** 만화
りんご 사과	**にほんご** 일본어		

〉〉[N] : 「ん」으로 끝날 때

かばん 가방	きん 금	ぎん 은	たくさん 많이
もん 문	じかん 시간		

04 한자(漢字)

일본어의 한자 읽기는 음독(音読)과 훈독(訓読)을 비롯하여 일본어 고유의 한자가 있어 공부하기에 상당히 어려운 면이 있다. 또 같은 한자이면서도 음독과 훈독 등으로 다양하게 읽히기 때문에 새 단어가 나올 때마다 하나씩 차근히 익힐 필요가 있다.

(1) 음독(音読)

한자의 뜻을 그대로 가지고 있으면서 원래의 발음대로 읽는 것

国民(こくみん)	日本(にほん)
中間(ちゅうかん)	春夏秋冬(しゅんかしゅうとう)

(2) 훈독(訓読)

한자의 뜻을 새기면서 고유일본어로 읽는 것

国(くに)	中(なか)		
春(はる)	夏(なつ)	秋(あき)	冬(ふゆ)

(3) 일본한자

중국에도 없는 일본고유의 한자로 일본에서 만들어낸 한자라고 할 수 있다.

働く(はたらく) 일하다	峠(とうげ) 고개, 언덕	枠(わく) 테두리
串(くし) 꼬치, 꼬챙이	辻(つじ) 네거리	

(4) 아테지(当て字)

한자 본래의 뜻과 상관없이 음이나 훈을 빌려서 표기한 한자

滅茶苦茶(めちゃくちゃ) 엉망진창	珈琲(コーヒー) 커피	浪漫(ろまん) 낭만
倫敦(ロンドン) 런던	倶楽部(クラブ) 클럽	

2課 助数詞の表現

2 課 助数詞の表現

01 숫자(数字)

助数詞の表現

1	10	100	1,000	10,000	100,000,000
一 いち	十 じゅう	百 ひゃく	千 せん	一万 いちまん	一億 いちおく
二 に	二十 にじゅう	二百 にひゃく	二千 にせん	二万 にまん	二億 におく
三 さん	三十 さんじゅう	三百 さんびゃく	三千 さんぜん	三万 さんまん	三億 さんおく
四 し，よん，よ	四十 よんじゅう	四百 よんひゃく	四千 よせん	四万 よんまん	四億 よんおく
五 ご	五十 ごじゅう	五百 ごひゃく	五千 ごせん	五万 ごまん	五億 ごおく
六 ろく	六十 ろくじゅう	六百 ろっぴゃく	六千 ろくせん	六万 ろくまん	六億 ろくおく
七 しち，なな	七十 ななじゅう	七百 ななひゃく	七千 ななせん	七万 ななまん	七億 ななおく
八 はち	八十 はちじゅう	八百 はっぴゃく	八千 はっせん	八万 はちまん	八億 はちおく
九 きゅう，く	九十 きゅうじゅう	九百 きゅうひゃく	九千 きゅうせん	九万 きゅうまん	九億 きゅうおく
十 じゅう	百 ひゃく	千 せん	万 まん	十万 じゅうまん	十億 じゅうおく

02 년(年), 월(月), 일(日) 助数詞の表現

一年 いちねん	二年 にねん	三年 さんねん	四年 よねん	五年 ごねん	六年 ろくねん
七年 しちねん ななねん	八年 はちねん	九年 きゅうねん くねん	十年 じゅうねん	十一年 じゅういちねん	十二年 じゅうにねん

一月 いちがつ	二月 にがつ	三月 さんがつ	四月 しがつ	五月 ごがつ	六月 ろくがつ
七月 しちがつ	八月 はちがつ	九月 くがつ	十月 じゅうがつ	十一月 じゅういちがつ	十二月 じゅうにがつ

日曜日 にちようび	月曜日 げつようび	火曜日 かようび	水曜日 すいようび	木曜日 もくようび	金曜日 きんようび	土曜日 どようび
			1日 ついたち	2日 ふつか	3日 みっか	4日 よっか
5日 いつか	6日 むいか	7日 なのか	8日 ようか	9日 ここのか	10日 とおか	11日 じゅう いちにち
12日 じゅう ににち	13日 じゅうさんに ち	14日 じゅう よっか	15日 じゅうごにち	16日 じゅう ろくにち	17日 じゅう しちにち	18日 じゅう はちにち
19日 じゅう くにち	20日 はつか	21日 にじゅういち にち	22日 にじゅう ににち	23日 にじゅう さんにち	24日 にじゅう よっか	25日 にじゅう ごにち
26日 にじゅう ろくにち	27日 にじゅう しちにち	28日 にじゅうはち にち	29日 にじゅう くにち	30日 さんじゅうに ち	31日 さんじゅうい ちにち	何日？ なんにち？

03 시간(時間) 助数詞の表現

1時 いちじ	2時 にじ	3時 さんじ	4時 よじ	5時 ごじ	6時 ろくじ
7時 しちじ	8時 はちじ	9時 くじ	10時 じゅうじ	11時 じゅういちじ	12時 じゅうにじ

1分 いっぷん	2分 にふん	3分 さんぷん	4分 よんぷん	5分 ごふん	6分 ろっぷん
7分 ななふん しちふん	8分 はっぷん	9分 きゅうふん	10分 じゅっぷん じっぷん	11分 じゅういっぷん	何分？ なんぷん？

그저께 おととい (一昨日)	**어제** きのう (昨日)	**오늘** きょう (今日)	**내일** あした/あす (明日)	**모레** あさって (明後日)
지지난주 せんせんしゅう (先々週)	**지난주** せんしゅう (先週)	**이번주** こんしゅう (今週)	**다음주** らいしゅう (来週)	**다다음주** さらいしゅう (再来週)
지지난달 せんせんげつ (先々月)	**지난달** せんげつ (先月)	**이번달** こんげつ (今月)	**다음달** らいげつ (来月)	**다다음달** さらいげつ (再来月)
재작년 おととし (一昨年)	**작년** さくねん (昨年) きょねん (去年)	**올해** ことし (今年)	**내년** らいねん (来年)	**내후년** さらいねん (再来年)

04 숫자 세기(数字を数える) 助数詞の表現

	사 람	물 건	연 령	자동차, 컴퓨터
1	1人 ひとり	1つ ひとつ	1歳 いっさい	1台 いちだい
2	2人 ふたり	2つ ふたつ	2歳 にさい	2台 にだい
3	3人 さんにん	3つ みっつ	3歳 さんさい	3台 さんだい
4	4人 よにん	4つ よっつ	4歳 よんさい	4台 よんだい
5	5人 ごにん	5つ いつつ	5歳 ごさい	5台 ごだい
6	6人 ろくにん	6つ むっつ	6歳 ろくさい	6台 ろくだい
7	7人 ななにん しちにん	7つ ななつ	7歳 ななさい	7台 ななだい
8	8人 はちにん	8つ やっつ	8歳 はちさい	8台 はちだい
9	9人 きゅうにん	9つ ここのつ	9歳 きゅうさい	9台 きゅうだい
10	10人 じゅうにん	10 とお	10歳 じっさい じゅっさい	10台 きゅうだい
?	何人？ なんにん?	幾つ？ いくつ？	何歳？ なんさい？	何台？ なんだい？

	책	가늘고 긴 것 (예 : 필기구, 볼펜, 병)	작은 것 (예: 과일, 과자 등)	얇고 넓적한 것 (예 : 종이류, 접시, 셔츠)
1	1冊 いっさつ	1本 いっぽん	1個 いっこ	1枚 いちまい
2	2冊 にさつ	2本 にほん	2個 にこ	2枚 にまい
3	3冊 さんさつ	3本 さんぼん	3個 さんこ	3枚 さんまい
4	4冊 よんさつ	4本 よんほん	4個 よんこ	4枚 よんまい
5	5冊 ごさつ	5本 ごほん	5個 ごこ	5枚 ごまい
6	6冊 ろくさつ	6本 ろくほん	6個 ろっこ	6枚 ろくまい
7	7冊 ななさつ	7本 ななほん	7個 ななこ	7枚 ななまい
8	8冊 はちさつ	8本 はちほん	8個 はちこ	8枚 はちまい
9	9冊 きゅうさつ	9本 きゅうほん	9個 きゅうこ	9枚 きゅうまい
10	10冊 じゅうざつ	10本 じゅっぽん じっぽん	10個 じっこ じゅっこ	10枚 じゅうまい
?	何冊？ なんさつ？	何本？ なんぼん？	何個？ なんこ？	何枚？ なんまい？

3課 空港で初めて会う

3 課 空港で初めて会う

학습 포인트

1. 鈴木さんに会って嬉しいですね。
2. 大学生じゃありません。
3. ここまで迎えに来てくれて助かりました。

金	あの、すみません。もしかして木村さんですか。
恵子	そうですが。あ、あなたがメル友のキムさんですね。
金	木村さんにお会いできて嬉しいですね。
恵子	キムさんは写真よりも、もっと若く見えますね。
金	そうですか。ありがとうございます。
恵子	ところで、そちらの方は。
金	こちらは私の妹です。
恵子	はじめまして。木村恵子です。どうぞよろしくお願いします。
金の妹	私は金ミンジと申します。こちらこそよろしく。
恵子	ミンジさんは大学生ですか。

金の妹	いいえ、大学生じゃありません。高校3年生です。
恵子	あ、そうですか。受験で忙しくありませんか。
金の妹	それほどでもありません。
恵子	ところで、ここまで迎えに来てくれて助かりました。
金の妹	いいえ、どういたしまして。
金	じゃ、ホテルに近いところで食事でもしましょう。
恵子	ホテルまでどのぐらいかかりますか。
金	道が混んでないと40分くらいで着きます。

새로운 단어

嬉(うれ)**しい** 기쁘다, 반갑다
~方(かた) ~분
もしかして 혹시, 만일(에)
大学生(だいがくせい) 대학생
迎(むか)**える** 맞다, 맞이하다
道(みち)**が混**(こ)**む** 길이 붐비다
写真(しゃしん) 사진
妹(いもうと) 여동생
メル友(とも) 메일친구
来年(らいねん) 내년
助(たす)**かる** 살아나다, 도움이 되다
若(わか)**い** 젊다
空港(くうこう) 공항
高校(こうこう) 고등학교
同(おな)**じ** 같다
食事(しょくじ) 식사

관련 단어

楽(たの)**しい** 즐겁다, 재미있다
今年(ことし) 올해
送(おく)**る** 보내다, 배웅하다
喜(よろこ)**ぶ** 기뻐하다, 즐거워하다
小学生(しょうがくせい) 초등학생
助(たす)**ける** 구하다, 돕다
航空(こうくう) 항공
中学生(ちゅうがくせい) 중학생

문형 연습 空港で初めて会う

(1) ～に会う

「～に会う」는 사람을 만날 때 쓰이는 말로, 반드시 조사 「に」가 온다. 「に」를 수반하는 특별동사 「(～に似る(～를 닮다)」, 「～に乗る(～를 타다)」가 있는데, 대개의 경우 우리말의 '을/를'로 해석한다.

市内で美由紀先生に会いました。	시내에서 미유키 선생님을 만났습니다.
弟は父に似ています。	남동생은 아버지를 닮았습니다.
私は新幹線に乗って東京まで行きます。	나는 신칸센을 타고 동경까지 갔습니다.

(2) ～より

「～より」는 비교의 기준을 나타내며, 우리말의 '～보다/～에 비해'에 해당된다.

私はジュースよりコーヒーが好きです。	저는 주스보다 커피를 좋아합니다.
果物はりんごよりオレンジがおいしいです。	과일은 사과보다 오렌지가 맛있습니다.
ソウルより北海道の方がもっと寒いです。	서울보다 홋카이도 쪽이 더 춥습니다.

또한 「～より」는 시간이나 장소가 시작되는 시점이나 경계 등을 나타내기도 한다.

✿ 단어 ✿

市内(しない) 시내	弟(おとうと) 남동생	新幹線(しんかんせん) 신칸센
東京(とうきょう) 동경	果物(くだもの) 과일	北海道(ほっかいどう) 북해도
寒(さむ)い 춥다	何(なに)も 아무것도	友達(ともだち) 친구
手紙(てがみ) 편지	届(とど)く 닿다, 이르다, 도착하다	次(つぎ) 다음
発表(はっぴょう) 발표		

ここより先は何もありません。	여기부터 앞에는 아무것도 없습니다.
日本の友達より手紙が届いた。	일본의 친구에게서 편지가 왔다.
次は山本さんよりご発表です。	다음은 야마모토씨의 발표입니다.

(3) ～じゃありません

형용동사 어간에 「～ では(じゃ)ありません」이 오면 '～지 않습니다'가 된다. 명사의 경우도 마찬가지로 「～です」의 부정은 「～ では(じゃ)ありません」이다.

日本語はまだ上手じゃありません。	일본어는 아직 잘 하지 못합니다.
ここはあまり静かじゃありませんね。	여기는 그다지 조용하지 않군요.
あのレストランは親切じゃありません。	저 레스토랑은 친절하지 않습니다.

(4) ～てくれる

「～ てくれる」는 주고받음을 나타내는 수수동사(授受動詞)로 주는 사람에게 초점을 맞추는 표현이다. 「くれる」라는 말에는 이미 「다른 사람이 나에게」라는 뜻이 내포되어 있기 때문에 「私に」라는 말을 쓰지 않아도 된다.

先生の書いた本を(私に)くださいました。	선생님이 쓴 책을 주셨습니다.
母が宿題を手伝ってくれました。	어머니가 숙제를 도와주었습니다.
彼女が誕生日のプレゼントにマフラーをくれました。	그녀가 생일선물로 목도리를 주었습니다.

✿ 단어 ✿

上手(じょうず) 능숙함, 잘함　静(しず)か 조용함　親切(しんせつ) 친절
宿題(しゅくだい) 숙제　手伝(てつだ)う 돕다, 거들다　彼女(かのじょ) 그녀
誕生日(たんじょうび) 생일

기초상식

밝고 상냥한 말씨로 건네는 인사는 좋은 인간관계를 결정짓는 첫걸음이다. 늘 웃으면서 인사하는 습관을 기르자.

おはようございます。	안녕하십니까? (아침인사)
こんにちは。	안녕하십니까? (점심인사)
こんばんは。	안녕하십니까? (저녁인사)
おげんきですか。	건강하십니까? (안녕하세요?)
お休みなさい。	편히 쉬세요.
どうもありがとうございました。	정말 감사합니다.
申し訳ございません。	죄송합니다.
すみません。	미안합니다.
失礼いたします。	실례하겠습니다.
またお会いします。	또 뵙겠습니다.
さようなら。	안녕히 가세요.
お待たせいたしました。	많이 기다리셨습니다.
少々お待ちください。	잠깐만 기다려주세요.
かしこまりました。	잘 알겠습니다.

연습문제

3課 空港で初めて会う

01 다음의 주어진 단어로 문장을 완성하시오.

(1) ～に会う ➡

(2) ～より ➡

(3) 図書館、静か ➡

(4) ～てくれて ➡

02 다음의 한국어를 일본어로 바꾸시오.

(1) 저야말로 잘 부탁드립니다.

____

(2) 다나카를 만나서 정말 반갑습니다.

____

(3) 저분은 영어 선생님이 아닙니다. 일본어 선생님입니다.

____

4課 ホテルのフロントで

4 課 ホテルのフロントで

학습 포인트

1. 少々お待ちください。
2. 予約してあります。
3. 私がお持ちいたします。

クラック　いらっしゃいませ。

雅子　チェックインしたいんですが。

クラック　ご予約なさっていらっしゃいますか。

雅子　はい。三日前予約しておきました。

クラック　あ、そうですか。
お名前をお願いします。

雅子　橋本雅子といいます。

クラック　橋本雅子様ですね。少々お待ちください。
はい、予約してありますね。
それではこちらにお名前、ご住所をお願いします。

雅子　はい。
これでいいですか。

クラック　はい、結構でございます。
お客様のお部屋は新館のオンドル部屋でございます。
ベルマンがご案内いたしますので。

ベルマン　お客様、荷物は私がお持ちいたします。
お荷物はどちらに置きましょうか。

雅子　そちらにお願いします。

ベルマン　ご用の時はいつでもお気軽にベルデスクをお呼びください。
では、ごゆっくりこうぞ。

새로운 단어

予約(よやく) 예약
三日前(みっかまえ) 3일 전
少々(しょうしょう) 소소함, 약간, 조금
住所(じゅうしょ) 주소
新館(しんかん) 신관
気軽(きがる)**に** 마음 부담 없이
いらっしゃる 계시다(行く、来る、居るの 존경어)
名前(なまえ) 이름, 성명
結構(けっこう) 충분함, 다행임
案内(あんない) 안내
ご用(よう) 볼일, 용건
橋本雅子(はしもとまさこ) 일본인의 이름
待(ま)**つ** 기다리다
お客様(きゃくさま) 손님
荷物(にもつ) 짐, 화물

관련 단어

国籍(こくせき) 국적
宿泊(しゅくはく) 숙박
日付(ひづけ) 날짜
モーニングコール 모닝콜
団体(だんたい) 단체
クレジットカード 신용카드
～号室(ごうしつ) 호실
日時(にちじ) 일시
パスポート・旅券(りょけん) 여권
記入(きにゅう) 기입
おことづけ・ご伝言(でんごん) 전언
朝食券(ちょうしょくけん) 아침식사권

문형 연습

ホテルのフロントで

(1) ~にしたい

「동사 ます형 + たい」는 '~(하고) 싶다'라는 뜻으로 자신의 희망사항을 말할 때 주로 쓰인다.

自分のやりたいことができる。	자신이 하고 싶은 일을 할 수 있다.
田村先生に会いたいです。	타무라 선생님을 만나고 싶습니다.
私は日本語が上手になりたいです。	저는 일본어를 잘하고 싶습니다.
そんな不親切な所は二度と行きたくない。	그런 불친절한 곳에는 두 번 다시 가고 싶지 않다.

(2) ~ておく

'~해두다'는 어떤 행위를 미리 해두어 그 상태를 유지한다는 것을 나타내며, 기본적으로 무엇을 위해 미리 준비한다는 뜻으로 쓰인다.

ホテルの予約はしておきましたか。	호텔예약은 해두었습니까?
旅行する前、銀行でお金を下ろしておく。	여행하기 전에 은행에서 돈을 찾아두자.
午後2時までに家の掃除をしておいてください。	오후 2시까지 청소를 해두세요.

단어

自分(じぶん) 자신　不親切(ふしんせつ) 불친절　二度(にど)と 두 번 다시
予約(よやく) 예약　旅行(りょこう) 여행　銀行(ぎんこう) 은행
お金(かね)を下(お)ろす 돈을 찾다　午後(ごご) 오후　掃除(そうじ) 청소

(3) ～結構だ

「～結構だ」는 '훌륭함, 좋음, 충분함, 만족스러움, 꽤, 제법' 등으로 문맥에 따라 다양하게 해석된다. 때문에 상황에 맞게 이해하고 활용해야 한다. 예를 들면, 「いいえ、けっこうです(아니오, 괜찮습니다)」나 「はい、けっこうです(예, 괜찮습니다)」와 같이 쓰면 의사가 분명해져 쉽게 납득할 수 있게 된다. 「いいです」는 일반적인 회화로 공식적이거나 접객장소에서는 사용하지 않는 편이 좋다.

これ、結構おいしいですね。	이것, 상당히 맛있네요.
お元気で結構です。	건강하셔서 다행입니다.
私はもう結構です。	저는 이제 충분합니다.

(4) いたす

「お(ご) + ます형 + する/いたす」의 형태로 '～해 드리다'의 뜻으로 겸양표현이다.

その荷物、重そうですね。お持ちいたしましょうか。	그 짐 무거운 것 같군요. 들어드릴까요?
車で駅までお送りいたします。	차로 역까지 모셔다 드리겠습니다.
近いうちにまたお伺いいたします。	가까운 시일 내에 찾아뵙겠습니다.

✿ 단어 ✿

結構(けっこう) 훌륭함, 괜찮음, 좋음　　元気(げんき) 건강
荷物(にもつ) 짐, 화물　　重(おも)い 무겁다　　駅(えき) 역
近(ちか)い 가깝다　　伺(うかが)う 방문하다

기초상식

호텔이나 숙박업소에서 보편적으로 쓰이는 말을 익혀보자.

何名様でございますか。	몇 분입니까?
パスポートを拝見させていただけますか。	여권을 잠시 보겠습니다.
どんなお部屋になさいますか。	어떤 방을 원하십니까?
ご予約はダブルルームでございますね。	예약은 더블룸이시군요?
お連れ様はいらっしゃいですか。	일행이 계십니까?
何日間のお泊りですか。	며칠간 머무십니까?
では、どうぞゆっくりなさいませ。	그럼, 편히 쉬세요.
海が見える静かな部屋をお願いします。	바다가 보이는 조용한 방으로 주세요.
静かで見晴らしのいい部屋でございます。	조용하고 전망이 좋은 방입니다.
どんなご用でしょうか。	무슨 일입니까?
事情があって、予約を取り消したいですが。	사정이 있어서 예약을 취소하고 싶습니다만.

✿ 단어 ✿

何名様(なんめいさま) 몇 분
拝見(はいけん) 배견, 삼가 봄
部屋(へや) 방
お連(つ)**れ様**(さま) 일행
何日間(なんにちかん) 며칠간
海(うみ) 바다
見晴(みは)**らし** 전망
事情(じじょう) 사정
取(と)**り消**(け)**し** 취소

연습문제

4 課 ホテルのフロントで

01 다음의 주어진 단어로 문장을 완성하시오.

(1) ～したい ➡

(2) ～てある ➡

(3) ～ておく ➡

(4) ～いたす ➡

02 다음의 한국어를 일본어로 바꾸시오.

(1) 전망 좋은 방으로 부탁드립니다.

____

(2) 동경시내를 구경하고 싶습니다.

____

(3) 방은 3층 305호실입니다.

____

日本地図

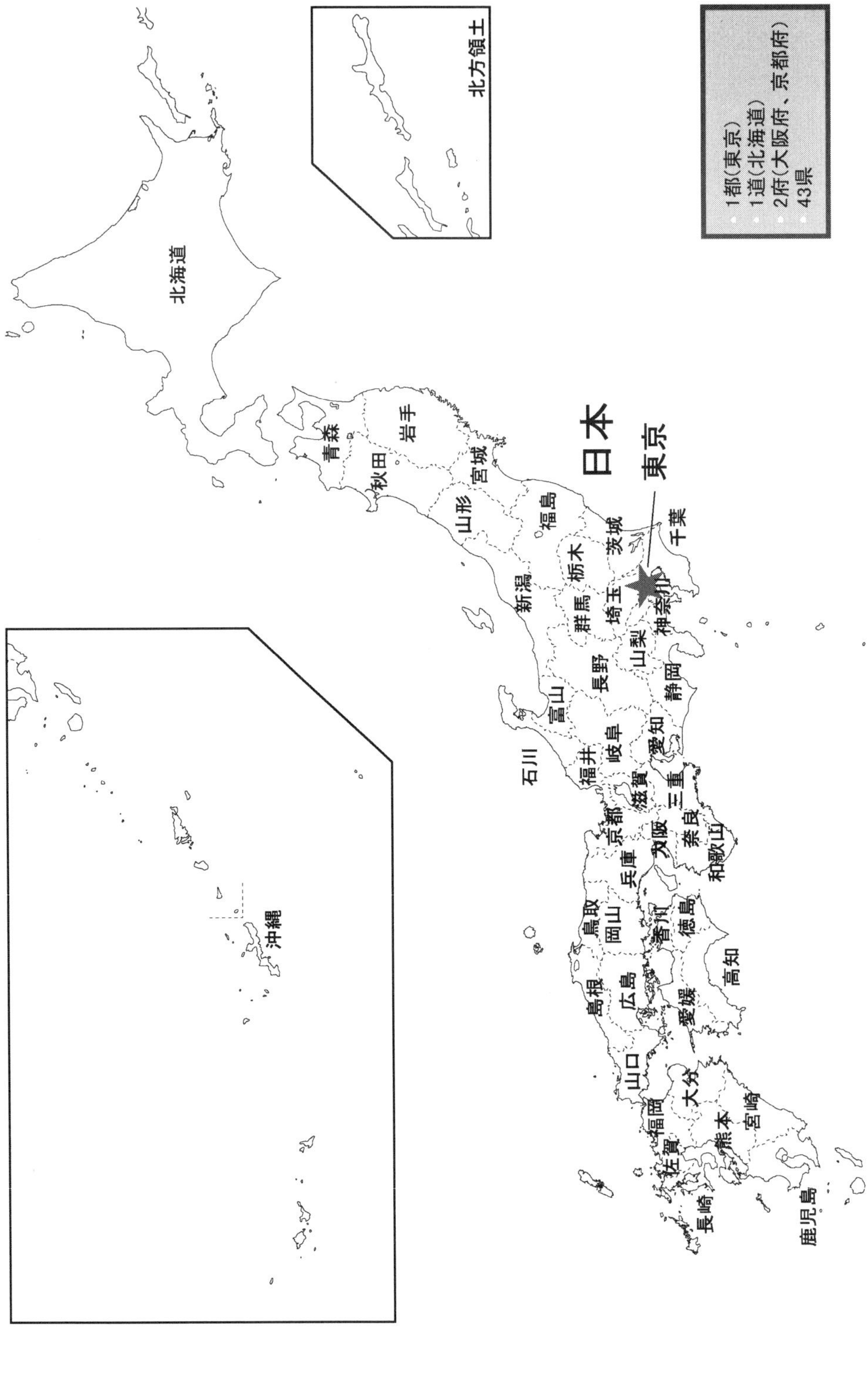

北方領土
1都(東京)
1道(北海道)
2府(大阪府、京都府)
43県
北海道
日本
東京
青森
岩手
秋田
宮城
山形
福島
茨城
千葉
栃木
新潟
群馬
埼玉
神奈川
山梨
長野
静岡
富山
石川
岐阜
愛知
福井
滋賀
三重
京都
大阪
奈良
和歌山
兵庫
鳥取
岡山
香川
徳島
島根
広島
愛媛
高知
山口
大分
福岡
宮崎
熊本
佐賀
長崎
鹿児島
沖縄

5課 ホテルの施設案内

5 課 ホテルの施設案内

학습 포인트

1. 朝6時半からご利用いただけます。
2. ファックスが利用できますか。
3. 右の奥の方でございます。

ホテルマン	お客様、これは部屋のキーと朝食券でございます。
金井	あの、朝ごはんは何時からですか。
ホテルマン	朝6時半から8時までご利用いただけます。 韓定食は二階の左側で、洋食はバイキングになっており、右側でございます。
金井	はい、分かりました。ところで、カジノはありますか。
ホテルマン	カジノは地下1階にございます。
金井	そして、もう一つお伺いしたいのですが、免税店はどこですか。
ホテルマン	免税店は隣の別館の一階にございます。
金井	ファックスも利用できますか。

ホテルマン	はい、2階のビジネスセンターでご利用になれます。
金井	ビジネスセンターって。
ホテルマン	会議室の真向かいがビジネスセンターですが、 そちらにはファックスをはじめ、コピー機、ワープロ などが用意されております。
金井	そうですか。分かりました。
ホテルマン	エスカレーターは右の奥の方にございます。
金井	ありがとうございます。
ホテルマン	いいえ、どういたしまして。 またご用の際には内線0番を押してください。 では、ごゆっくりお休みください。

새로운 단어

部屋(へや) 방
右側(みぎがわ) 오른쪽
隣(となり) 옆
真向(まむ)**かい** 정면
奥(おく)**の方**(ほう) 안쪽
押(お)**す** 누르다, 밀다
利用(りよう) 이용
洋食(ようしょく) 양식
別館(べっかん) 별관
コピー機(き) 복사기
~際(さい) ~할 때
左側(ひだりがわ) 왼쪽
地下(ちか) 지하
会議室(かいぎしつ) 회의실
用意(ようい) 준비
内線(ないせん) 내선

관련 단어

お手洗(てあら)**い** 화장실
モーニングコール 모닝콜
プリント 프린트
カラオケ 노래방
廊下(ろうか) 복도
バー 바
フィットネスグラブ 헬스장
記念品売店(きねんひんばいてん) 기념품 매점
コーヒーショップ 커피숍
ノートパソコン 노트북
プール 수영장

문형 연습

ホテルの施設案内

(1) ~から ~まで

출발장소에서 도착장소를 나타낼 때는 '~에서~까지'란 뜻이며, 시간의 길이를 표현할 때는 '~부터~까지'로 해석된다.

日本語の授業は何時から何時までですか。	일본어 수업은 몇 시부터 몇 시까지입니까?
初めから終わりまで一度読んでください。	처음부터 끝까지 한 번 읽어주세요.
大阪から名古屋までどのくらいかかりますか。	오사카에서 나고야까지 얼마나 걸립니까?

(2) ~ておる

「~ている(하고 있다)」의 겸양어인「~ておる」는 자신의 행위를 낮춰서 상대방에게 간접적인 경의를 표현하는 말로, 화자의 동작이나 상태를 나타낸다.

日本語の先生になるため、頑張っております。	일본어 선생님이 되기 위해 열심히 하고 있습니다.
今も続いておる状態でございます。	지금도 계속하고 있는 상태입니다.
非常に関心を持っておる問題であります。	상당히 관심을 갖고 있는 문제입니다.

✿ 단어 ✿

授業(じゅぎょう) 수업　何時(なんじ) 몇 시　初(はじ)め 처음
終(お)わり 끝　一度(いちど) 한번　大阪(おおさか) 오사카
名古屋(なごや) 나고야　頑張(がんば)る 힘내다, 열심히 하다　続(つづ)く 계속하다
状態(じょうたい) 상태　非常(ひじょう)に 상당히　関心(かんしん) 관심
問題(もんだい) 문제

(3) ～になる

어떠한 사항이나 사건이 그렇게 되었을 때 표현하는 말로 '～가 되다'의 뜻이다.

卒業してから通訳士になりたいです。	졸업한 후, 통역사가 되고 싶습니다.
笑えば必ず幸福になる。	웃으면 반드시 행복해진다.
反対のご意見をお持ちになる方もいらっしゃいますね。	반대 의견을 가진 분도 계시는군요.

(4) される

어떠한 사항이 저절로 그렇게 되는 것을 나타낼 때 쓰이는 자발(自発)적인 표현으로, '～되다'라는 뜻이며, 동사 「する(하다)」에 국한된다.

愛するのができない人は愛されるのもできません。	사랑할 수 없는 사람은 사랑받을 수도 없습니다.
息子の将来が期待される。	아들의 장래가 기대된다.
まじめな人は誰からも信頼される。	성실한 사람은 누구에게나 신뢰받는다.

✿ 단어 ✿

卒業(そつぎょう) 졸업　**通訳士**(つうやくし) 통역사　**笑**(わら)**う** 웃다
必(かなら)**ず** 반드시　**幸福**(こうふく) 행복　**反対**(はんたい) 반대
意見(いけん) 의견　**愛**(あい) 사랑　**息子**(むすこ) 아들
将来(しょうらい) 장래　**期待**(きたい) 기대　**誰**(だれ) 누구
信頼(しんらい) 신뢰

기초상식

자신이 근무하는 곳의 특기할 만한 사항이나 시설에 관한 정보는 전부 파악하고 있어야 진정한 호텔리어라고 할 수 있다. 고객이 질문해 왔을 때 당황하지 않고 침착하게 대처하는 능력을 기르도록 한다. 호텔시설과 관련된 말들을 익혀두자.

美容室(理容室)はありますか。	미용실(이용실)은 있습니까?
レストランの営業時間は何時までですか。	레스토랑 영업시간은 몇 시까지입니까?
フィットネスグラブは朝5時半からです。	헬스장은 아침 5시반부터 입니다.
ナイトクラブは夜明け3時までご利用いただけます。	나이트클럽은 새벽 3시까지 이용할 수 있습니다.
ルームサービスは内線2番でございます	룸서비스는 내선 2번입니다.
3階から9階までは客室で、10階はラウンジです。	3층부터 9층까지는 객실이고, 10층은 라운지입니다.
温泉はございませんが、サウナは準備されております。	온천은 없습니다만, 사우나는 준비되어 있습니다.
ホテルバスも運行しておりますので。	호텔버스도 운행하고 있습니다.
お帰りの際はリムンジンをご用意いたします。	돌아가실 때는 리무진을 준비하겠습니다.

✿ 단어 ✿

- 美容室(びようしつ) 미용실
- 理容室(りようしつ) 이발소
- 営業(えいぎょう) 영업
- 夜明(よあ)け 새벽
- 利用(りよう) 이용
- 内線(ないせん) 내선
- 客室(きゃくしつ) 객실
- 温泉(おんせん) 온천
- 準備(じゅんび) 준비
- 運行(うんこう) 운행
- 際(さい) 때, 즈음
- お帰(かえ)り 귀가
- 用意(ようい) 준비

연습문제

5 課 ホテルの施設案内

01 다음의 주어진 단어로 문장을 완성하시오.

(1) ～からまで ➡

(2) ～をはじめ ➡

(3) ～されている ➡

(4) ～の方 ➡

02 다음의 한국어를 일본어로 바꾸시오.

(1) 뷔페는 2층 오른쪽에 있습니다.

____

(2) 여기서 이용하실 수 있습니다.

____

(3) 화장실은 안쪽의 왼편입니다.

____

6課 レストランで

6課 レストランで

학습 포인트

1. ここは見晴らしがいいですね。
2. それは楽しみですね。
3. 何になさいますか。

ウェーター	いらっしゃいませ。何名様でいらっしゃいますか。
松本	3人です。
ウェーター	どうぞ、こちらの窓側の席でよろしいですか。
松本	はい。ここは見晴らしがいいですね。
ウェーター	ありがとうございます。 お水とメニューをお持ちしますので、少々お待ちください。
松本	私はお冷でお願いします。

ウェーター	お待たせいたしました。 お客様、お料理はどういたしましょうか。

松本	今日のお勧めは何ですか。
ウェーター	新鮮な海産物のコース料理がございますが。
池田	わー。それは楽しみだね。あのコースはおいくらですか。
ウェーター	一人様当たり25,000ウォンでございます。 お飲み物は何になさいますか。
松本	赤ワインをお願いします。
ウェーター	はい、かしこまりました。

새로운 단어

窓側(まどがわ) 창문 쪽　**席**(せき) 자리, 좌석　**見晴**(みは)**らし** 전망, 조망
お冷(ひや) 냉수, 찬물　**お勧**(すす)**め料理**(りょうり) 추천요리
新鮮(しんせん) 신선　**海産物**(かいさんぶつ) 해산물　**楽**(たの)**しみ** 기대
お昼(ひる) 낮, 점심　**一人当**(ひとりあ)**たり** 1인당

관련 단어

定食(ていしょく) 정식　**フルコース** 풀 코스　**レア** 레어(덜 익힘)
ミディアム 미디엄(중간으로 익힘)　**ウェルダン** 웰던(잘 익힘)　**ドレッシング** 드레싱
フレンチドレッシング 프렌치드레싱　**セットメニュー** 세트 메뉴
禁煙席(きんえんせき) 금연석　**喫煙席**(きつえんせき) 흡연석　**満席**(まんせき) 만석
勘定(かんじょう) 계산, 정산　**海鮮料理**(かいせんりょうり) 해산물 요리

문형 연습 レストランで

(1) ～ので

원인이나 이유, 까닭을 나타내며 활용어는 연체형과 연결되며, 명사나 형용동사는 「～なので」 형태로 접속되어 「～기 때문에」라는 뜻이 된다. 「ので」는 객관적인 이유나 사실을 설명하는 말로 부드러운 느낌을 준다. 그러나 같은 뜻을 가진 「から」는 자신의 일방적인 사정만을 강조하는 느낌이 들어 상대에게 실례가 되는 경우가 있으니 주의가 필요하다.

久しぶりに客が来るので、部屋を掃除した。	오랜만에 손님이 오기 때문에 방청소를 했다.
体の調子が悪いので、そこまで歩いて行けません。	몸이 안 좋아서 거기까지 걸어갈 수가 없어요.
私は古い町が好きですので。	저는 오래된 마을을 좋아하기 때문에.

(2) ～にする

「～로 하다」라는 뜻으로 물건을 고르거나 식당에서 메뉴 등을 정할 때 쓰이며 상대에 따라서 「～にしますか(～로 하겠습니까)」, 「～になさいますか(～로 하시겠습니까)」로 표현할 수 있다.

私はジュースにするが、美由紀は何にする?	나는 주스를 할 건데 미유키는 뭘 할거야?
石川さんは何になさいますか。	이시카와 씨는 무엇을 드시겠습니까?
私はちょっと辛いものにします。	저는 좀 매운 걸로 하겠습니다.

✿ 단어 ✿

体(からだ) 몸, 신체　　調子(ちょうし) 상태, 컨디션　　悪(わる)い 나쁘다
歩(ある)く 걷다　　古(ふる)い 오래되다　　町(まち) 마을, 동네
好(す)き 좋아함　　辛(から)い 맵다

(3) よろしい

「よい(좋다, 괜찮다)」를 정중하게 표현한 「よろしい」는 「かまわない(상관없다)」, 「差し支えない(장애가 없다)」는 의미로 쓰인다. 하지만 아랫사람이 윗사람에게 「それでよろしいです(그것으로 됐습니다)」라는 용법으로 쓰이면, 문법이나 어법상으로는 틀리지 않지만 실례가 되므로 사용하지 않는 편이 좋다.

始めさせていただいてもよろしいでしょうか。	시작해도 괜찮겠습니까?
先生さえよろしければ。	선생님만 좋으시다면.
もう一度会社名をお伺いしてよろしいでしょうか。	다시 한 번 회사 이름을 여쭈어도 괜찮을까요?

(4) ゆっくり

'천천히, 느긋하게, 충분히' 등의 다양한 뜻을 가진 부사이며, 「～と」의 형태로도 쓰인다.

まだ時間が早いからゆっくりでいいです。	아직 시간이 이르니까 천천히 해도 괜찮습니다.
疲れた時はゆっくり休んだ方がいいよ。	피곤할 때는 푹 쉬는 편이 좋아요.
あしたは休みだからゆっくりとくつろげる。	내일은 쉬니까 푹 쉴 수 있겠다.
どうぞごゆっくりたくさん召し上がってください。	천천히 많이 잡수세요.

✿ 단어 ✿

差(さ)し支(つか)え 장애, 지장　会社名(かいしゃめい) 회사명　時間(じかん) 시간
疲(つか)れる 피곤하다　～た方(ほう) ～하는 편　休(やす)む 쉬다
召(め)し上(あ)がる 잡수시다, 드시다

기초상식

식생활은 인간에게 가장 밀접한 문화이자 역사이며 그 사회의 정체성을 엿볼 수 있는 좋은 매개체라 할 수 있다. 관광지에서 그 지역의 특성을 살린 맛있는 음식을 먹는 것은 관광객에게 있어 또 하나의 즐거움이다. 레스토랑에서 자주 사용하는 말을 익혀보자.

ご注文はお決まりでしょうか。	주문은 결정하셨습니까?
ステーキはいかがお焼きいたしましょう。	스테이크는 어떻게 해드릴까요?
お席にご案内いたします。こちらへどうぞ。	자리를 안내해 드리겠습니다. 이쪽으로.
お飲み物は何になさいますか。	음료는 무엇으로 하시겠습니까?
10分ほどお待ちいただけますでしょうか。	10분 정도 기다려주시겠습니까?
デザートは何になさいますか。	디저트는 무엇으로 하시겠습니까?
何か他にご注文はございませんか。	뭔가 다른 주문은 없으신지요?
ラストオーダーは10時となっております。	마지막 주문은 10시입니다.
あいにくですが、窓側の方は予約席になっております。	공교롭게도, 창 쪽은 예약되어 있습니다만.
お決まりになられましたら、お呼びください。	결정하신 후, 불러주십시오.
失礼いたします。お皿をお下げいたします。	실례입니다만, 접시를 좀 치우겠습니다.
こちらにサインをお願いします。	여기에 사인을 부탁드립니다.
またお越しくださいませ。	또 들려주십시오.

✿ 단어 ✿

注文(ちゅうもん) 주문　　決(き)まり 결정　　焼(や)く 굽다
お席(せき) 자리, 좌석　　案内(あんない) 안내　　飲(の)み物(もの) 음료
窓側(まどがわ) 창가　　予約席(よやくせき) 예약석

연습문제

6課 レストランで

01 다음의 주어진 단어로 문장을 완성하시오.

(1) ～でよろしい ➡

(2) ～ので ➡

(3) ～にする ➡

(4) どうぞ ➡

02 다음의 한국어를 일본어로 바꾸시오.

(1) 스테이크는 미디엄으로 하겠습니다.

____

(2) 맵지 않게 해주세요.

____

(3) 물과 메뉴를 가지고 오겠습니다.

____

7課 両替する

7課 両替する

학습 포인트

1. このホテルで両替できますか。
2. 小銭を換えてくれますか。
3. ちょっと拝見させていただけますか。

ホテルマン	お客様、お呼びでございますか。
大川	ええ、すみませんが、このホテルで両替できますか。
ホテルマン	お泊りのお客様でいらっしゃいますか。
大川	はい、704号室です。
ホテルマン	かしこまりました。おいくら両替いたしましょうか。
大川	今日の為替レートはどのくらいですか。
ホテルマン	本日のレートは100円に対して1250ウォンでございます。
大川	そうですか。ではトラベラーズチェックと現金5万円をお願いしたいのですが、小銭をちょっと混ぜてくれませんか。
ホテルマン	かしこまりました。 500ウォン玉と100ウォン玉を混ぜて3千ウォンくらい

	でよろしいですか。
大川	はい。
ホテルマン	お客様、パスポートを拝見させていただけますか。
大川	はい、どうぞ。 そして、この手紙を日本に出したいのですが。
ホテルマン	はい、こちらに宛先をご記入ください。
大川	これでいいでしょうか。
ホテルマン	はい、結構です。
大川	どうもご苦労さまでした。
ホテルマン	いいえ、どういたしまして。 ご用がありましたらいつでもどうぞ。

새로운 단어

お呼(よ)び 부르심
為替(かわせ)レート 환시세, 환율
小銭(こぜに) 잔돈
拝見(はいけん) 배견, 삼가 봄
宛先(あてさき) 수신처
両替(りょうがえ) 환전
~に対(たい)して ~에 대해서
現金(げんきん) 현금
手紙(てがみ) 편지
ご苦労(くろう) 수고, 노고
本日(ほんじつ) 금일, 오늘
トラベラーズチェック 여행자수표
混(ま)ぜる 섞다, 혼합하다
ご記入(きにゅう) 기입

관련 단어

おつり 거스름돈
用事(ようじ) 볼일
郵便局(ゆうびんきょく) 우체국
営業時間(えいぎょうじかん) 영업시간
オードロック 자동 잠금
急用(きゅうよう) 급한 볼일
用紙(ようし) 용지
カードキー 카드열쇠
銀行(ぎんこう) 은행
為替窓口(かわせまどぐち) 외환창구
ドル 달러

문형 연습 両替する

(1) ～できる

'～하다(「する」)'의 가능형이기도 하지만 '～가 생기다'라는 뜻도 있다.

スミスさんは箸を使う事ができますか。	스미스 씨는 젓가락을 사용할 수 있습니까?
隣に大きなスーパーができた。	이웃에 큰 슈퍼가 생겼다.
オンライン予約ができますか。	온라인으로 예약할 수 있습니까?

(2) ～くらい(ぐらい)

어떤 사물의 비교의 기준을 나타내는 '정도, 쯤, 가량, 만큼'의 뜻으로 해석되며, 문맥에 따라 「ばかり、ほど」와 비슷하게 쓰이는 경우도 있다.

ソウルから釜山まで3時間半くらいかかります。	서울에서 부산까지 3시간 정도 걸립니다.
30分で歩けるくらいの距離です。	30분 정도 걸어서 갈 수 있는 거리입니다.
カップ一杯くらいの水をいれてください。	한 컵 분량의 물을 넣어주세요.
彼女くらい日本語が話せたらいいのに。	그녀만큼 일본어를 말할 수 있다면 좋겠는데.

단어

箸(はし) 젓가락
隣(となり) 옆, 이웃
歩(ある)**ける** 걸을 수 있다(歩く의 가능형)
距離(きょり) 거리
一杯(いっぱい) 한잔, 가득
彼女(かのじょ) 그녀
話(はな)**せる** 말할 수 있다

(3) ～(さ)せていただく

사역을 이용한 겸양표현으로 자신의 바람을 말하고자 할 때 공식적인 장소나 격식을 갖추어야 하는 곳에서 사용하는 말이다.

ただいまより始めさせていただきます。	지금부터 시작하겠습니다.
体の調子が悪そうで、午後はちょっと休ませていただきたいんですが。	몸이 아파서 오후에는 좀 쉬고 싶습니다.
今日はこれで終わらせていただきます。	오늘은 이것으로 마치겠습니다.
電話をかけさせていただけますか。	전화를 걸어도 되겠습니까?

(4) ～たら

동사의 연용형은 「～たら(だら)」로 연결되며, 명사나 형용동사는 「～だったら」, 형용사는 「かったら」 형태로 접속된다. 「～たら」는 어떤 사실을 조건으로 제시할 때 쓰이는 가정, 조건의 표현으로, '～하면, ～더니, ～하다면, ～데'의 뜻을 나타낸다. 명사나 형용동사, 동사의 경우, 정중한 표현으로 「～でしたら」, 「～ましたら」로도 사용할 수 있다.

今度の土曜日、お暇でしたら映画を見に行きませんか。	이번 토요일에 시간되시면 영화 보러 가지 않겠습니까?
そちらに落ち着いたら電話してください。	그곳에 정착하면 전화해 주세요.
昨日市内に行ったら、偶然、佐藤さんに会った。	어제, 시내에 갔다가 우연히 스즈키 씨를 만났다.

✿ 단어 ✿

休(やす)ませる 쉬게 하다
土曜日(どようび) 토요일
落(お)ち着(つ)く 진정되다, 안정되다
～に会(あ)う ～를 만나다
電話(でんわ) 전화
暇(ひま) 틈, 짬
昨日(きのう) 어제
今度(こんど) 이번, 다음번
映画(えいが) 영화
偶然(ぐうぜん) 우연히

기초상식

손님으로부터 환전이나 외국으로 보낼 우편물에 관한 질문이나 요구를 받았을 때는 신속하고 정확하게 대처해야 한다. 그리고 손님에게 말씀드릴 사항은 간결하고 요령 있게 전달할 수 있도록 해야 한다. 다음의 표현을 익혀두자.

どのように両替したらよろしいですか。	어떻게 환전해 드리면 됩니까?
一万円札お預かりいたしました。	만 엔 받았습니다.
あちらの銀行の窓口をご利用ください。	저쪽 은행창구를 이용해 주세요.
EMSでしたら、日本へはどのくらいかかりますか。	EMS라면 일본까지는 얼마나 걸립니까?
それは担当のものがご説明いたしますので、少々お待ちください。	그것은 담당자가 설명해 드릴 테니 잠깐 기다려주세요.
大変、お待たせいたしました。	오래 기다리셨습니다.
航空便ですか、船便ですか。	항공편입니까? 배편입니까?
申し訳ございませんが、9時以降の両替はいたしておりません。	죄송합니다만, 9시 이후에는 환전이 되지 않습니다.

✿ 단어 ✿

両替(りょうがえ) 환전　**札**(さつ) 지폐　**預**(あず)**かる** 맡다, 보관하다
窓口(まどぐち) 창구　**利用**(りよう) 이용　**担当**(たんとう) 담당
説明(せつめい) 설명　**大変**(たいへん) 힘듦, 큰일　**航空便**(こうくうびん) 항공편
船便(ふなびん) 배편　**以降**(いこう) 이후

연습문제

7課 両替する

01 다음의 주어진 단어로 문장을 완성하시오.

(1) ～でござる ➡

(2) ～ちょっと ➡

(3) ～させていただく ➡

(4) ～たら ➡

02 다음의 한국어를 일본어로 바꾸시오.

(1) 무슨 용건입니까?

____

(2) 여기에 주소를 기입해 주세요.

____

(3) 이것으로 충분합니다.

____

8課 韓定食を楽しむ

8 課 韓定食を楽しむ

학습 포인트

1. それは楽しみですね。
2. 運動がてら歩いていきましょう。
3. この食堂はレトロモダンな雰囲気ですね

栗田　あ~、疲れた。お腹も空いてきたし。

村松　あ、そうですね。もう7時過ぎてますね。

栗田　夕ご飯は何にしようかしら。

朴　韓定食はいかがですか。
韓国の伝統的な雰囲気と伝統料理を味わえる素敵なところがありますけど。

栗田　わあ、それは楽しみですね。案内してもらえますか。

村松　私もガイドブックで見ました。ちょっと高いかもしれないけど、一度食べてみたいです。

朴　焼肉をはじめ、皆さんの好きな料理がテーブルいっぱいに並びますよ。

村松　さあ、急いで行きましょう。

朴　ここから急ぎ足で行けば10分くらいの距離ですので、運動がてら歩いていきましょう。

村松　この食堂はレトロモダンな雰囲気ですね

栗田　へえ、料理もおいしそう!
韓定食は健康にやさしいウェルビーイング食だと聞いたんですが、本当ですね。

朴　でしょう。なかなか健康食です。
どうぞ、ごゆっくり召し上がってください。

새로운 단어

疲(つか)**れる** 피곤하다
伝統的(でんとうてき) 전통적
案内(あんない) 안내
好(す)**き** 좋아함
距離(きょり) 거리
レトロモダン 고전미가 나면서 현대적임
健康(けんこう) 건강
本当(ほんとう) 정말, 진짜
お腹(なか)**が空**(す)**く** 배가 고프다
料理(りょうり) 요리
ガイドブック 안내책자
並(なら)**ぶ** 늘어서다, 차려지다
運動(うんどう) 운동
ウェルビーイング食(しょく) 웰빙식
召(め)**し上**(あ)**がる** 잡수시다
韓定食(かんていしょく) 한정식
素敵(すてき) 매우 훌륭함, 아주 근사함
焼肉(やきにく) 불고기
急(いそ)**ぐ** 서두르다
食堂(しょくどう) 식당
雰囲気(ふんいき) 분위기

관련 단어

韓屋(カノク) 한옥
改良(かいりょう)**韓服**(ハンボク) 개량한복
フルコース 풀코스
甘酒(あまざけ) 식혜
床(ゆか) 바닥
お口(くち)**に合**(あ)**う** 입에 맞다
オンドル 온돌
ごちそう 진수성찬
さじと箸(はし) 수저

문형 연습 韓定食を楽しむ

(1) ~かもしれない

단정은 할 수 없지만, 어떤 가능성은 있다는 것을 제시하는 표현이다. 동사와 형용사는 기본형에, 형용동사는 어간에 붙어 '~일지도 모른다'는 뜻이다. 같은 표현으로는「かねない」가 있다.

雨になるかもしれないので傘を持って行こう。	비가 올지 모르기 때문에 우산을 갖고 가야지.
役に立つかもしれないのでメモしておきます。	도움이 될지 모르니까 메모해 둡니다.
彼は体の調子が悪いかもしれない。	그 사람은 몸이 아플지도 모릅니다.

(2) ~がてら

어떤 행위 중에, 다른 행위를 덧붙여 할 때 쓰이는 표현으로 '~하는 김에, ~을 겸하여'란 뜻을 나타내며 동사 연용형에 연결된다. 비슷한 표현으로「~のついでに」,「~かたがた」,「~(し)ながら」,「~その一方で」등이 있다.

散歩がてら彼女の家に寄った。	산책 겸해서 그녀 집에 들렀다.
ドライブがてらどこかへ行って食事でもしませんか。	드라이브 겸해 어딘가에 가서 식사하지 않겠습니까?
練習がてら作ってみましたが。	연습 삼아 만들어보았습니다.

✿ 단어 ✿

傘(かさ) 우산
役(やく)に立(た)つ 도움이 되다, 쓸모가 있다
調子(ちょうし)が悪(わる)い 상태가 좋지 않다, 몸이 아프다
散歩(さんぽ) 산책
寄(よ)る 들르다
食事(しょくじ) 식사
練習(れんしゅう) 연습
作(つく)る 만들다

(3) ～ば

「AばB(A하면 B한다)」는 의미로, 가정・조건을 나타낸다. 동사는 종류에 관계없이 어미를 「エ단」으로 바꾸고 「ば」를 붙이며, 명사와 형용동사인 경우는 「ならば」를, 형용사는 어미 「イ」 대신에 「ければ」로 접속하면 된다.

何を買えばいいのかわかりません。	무엇을 사야 좋을지 모르겠습니다.
この薬を飲めば頭痛が治ります。	이 약을 먹으면 두통이 낫습니다.
二人で話し合えば誤解は解けるだろう。	둘이서 이야기하면 오해는 풀릴 것이다.
勉強はすればするほど難しくなる。	공부는 하면 할수록 어려워진다.

(4) ～そうだ

동사, 형용사, 형용동사의 사전형과 연결되며, 보고 들은 것을 타인에게 전달할 때 사용하는 전문(伝聞)형태가 된다. '～라더라, ～라고 한다' 등의 뜻이 된다.

電気予報によると、明日からは大雨だそうです。	일기예보에 의하면, 내일부터 큰비가 내린다고 한다.
今度の期末テストは難しいそうです。	이번 기말시험은 어렵다고 한다.
西山さんの恋人は勉強もできるし、顔もきれいだそうです。	니시야마 씨의 여자친구는 공부도 잘하고, 얼굴도 예쁘다고 한다.

✿ 단어 ✿

買(か)**う** 사다　**薬**(くすり) 약　**飲**(の)**む** 마시다
頭痛(ずつう) 두통　**治**(なお)**る** 낫다　**誤解**(ごかい) 오해
解(と)**ける** 풀리다　**勉強**(べんきょう) 공부　**難**(むずか)**しい** 어렵다
電気予報(でんきよほう) 일기예보　**大雨**(おおあめ) 큰비　**期末**(きまつ) 기말
恋人(こいびと) 연인　**顔**(かお) 얼굴　**新鮮**(せんせん) 신선
風邪(かぜ) 감기

동사, 형용사, 형용동사의 어간에 연결되면 '~인 것 같다, ~인 듯하다'의 뜻이 되어 양태(様態)를 나타낸다. 즉 화자가 시각적으로 인식한 것이나 심리상태를 추측하거나 판단・예감할 때 쓰인다.

新鮮でおいしそうですね。	신선하고 맛있을 것 같군요.
ああ、寒い。風邪をひきそうだ。	아, 춥다. 감기 걸릴 것 같다.
元気そうでなによりです。	건강하신 것 같아 무엇보다 다행입니다.

알아두기

일본의 공휴일

1월 1일	お正月(元日(がんじつ)、元旦(がんたん)이라고도 함)
1월 둘째 월요일	成人の日
2월 11일	建国記念の日
3월 21일경	春分の日
4월 29일	みどりの日
5월 3일	憲法記念日
5월 5일	子供の日
7월 셋째 월요일	海の日
9월 셋째 월요일	敬老の日
9월 23일경	秋分の日
10월 둘째 월요일	体育の日
11월 3일	文化の日
11월 23일	勤労感謝の日
12월 23일	天皇の誕生日

연습문제

8 課 韓定食を楽しむ

01 다음의 주어진 단어로 문장을 완성하시오.

(1) ～かもしれない ➡

(2) ～ば ➡

(3) ～そう ➡

(4) ～てください ➡

02 다음의 한국어를 일본어로 바꾸시오.

(1) 정말 훌륭한 곳이군요.

____

(2) 어려울지도 모른다.

____

(3) 환경에 좋은 제품입니다.

____

9課 ソウルを観光する

9 課 ソウルを観光する

학습 포인트

1. お勧めの観光スポットはとこですか。
2. 昌徳宮ってどういうところですか
3. 一番優れていると評価されております。

飯田	あの、ソウルのお勧めの観光スポットはどこですか。
朴	ソウル市内の古宮などの歴史観光地巡りはいかがですか。
飯田	歴史めぐりですか。ぜひ行ってみたいですね。
朴	昌徳宮と宗廟、そしてソウルから車で約１時間、京畿道水原市にある 朝鮮建築の最高峰である水原華城はユネスコ世界遺産に登録されています。
飯田	へえ、そうですか。昌徳宮ってどういうところですか。
朴	朝鮮時代に離宮として建てられた宮殿です。 宮殿の裏手には「秘苑」と呼ばれる後苑があり、 韓国を代表する庭園ともいわれます。
飯田	あ、そうですか。ところで、宗廟はお墓のことですか。
朴	いいえ、朝鮮王朝時代の国王と王妃の位牌を祭った王室の祠当です。

次の水原華城は韓国の城郭の中で、一番優れていると評価されております。

飯田　朴さんは韓国の歴史になかなか詳しいですね。

朴　いいえ、それほどでもありません。

飯田　この三つのコースを1日で巡りますか。

朴　もちろんです。帰りの際には韓国伝統の工芸品と古書、書画などを売っている仁寺洞によって見物しましょう。
そこで夕ご飯を食べてもいいですし。

飯田　では、朴さん。今日もよろしくお願いします。

새로운 단어

- お勧(すす)め 추천
- 古宮(こきゅう) 고궁
- 昌徳宮(チャンドックン) 창덕궁
- 朝鮮(ちょうせん) 조선
- 世界遺産(せかいいさん) 세계유산
- 離宮(りきゅう) 이궁, 별궁
- 後苑(こうえん) 후원
- お墓(はか) 묘시
- 王妃(おうひ) 왕비
- 王室(おうしつ) 왕실
- 優(すぐ)れる 뛰어나다, 훌륭하다
- 専門(せんもん) 전문, 전공
- 書画(しょが) 서화
- 観光(かんこう) 관광
- 歴史(れきし) 역사
- 宗廟(チョンミョ) 종묘
- 建築(けんちく) 건축
- 登録(とうろく) 등록
- 宮殿(きゅうでん) 궁전
- 代表(だいひょう) 대표
- 王朝(おうちょう) 왕조
- 位牌(いはい) 위패
- 祠堂(しどう) 사당
- 評価(ひょうか) 평가
- 工芸品(こうげいひん) 공예품
- 仁寺洞(インサドン) 인사동
- 市内(しない) 시내
- 巡(めぐ)り 순례
- 水原華城(スウォンファソン) 수원화성
- 最高峰(さいこうほう) 최고봉
- 時代(じだい) 시대
- 裏手(うらて) 뒤쪽, 배후
- 庭園(ていえん) 정원
- 国王(こくおう) 국왕
- 祭(まつ)る 제사지내다(위패 등을 모시다)
- 城郭(じょうかく) 성곽
- 詳(くわ)しい 상세하다, 잘 알고 있다
- 古書(こしょ) 고서
- 見物(けんぶつ) 구경

관련 단어

- 地図(ちず) 지도(マップ라고도 함)
- 最古(さいこ) 가장 오래됨
- 世界文化遺産(せかいぶんかいさん) 세계문화유산
- モダン 현대적
- 城(しろ)の石垣(いしがき) 성의 석벽
- 傑作品(けっさくひん) 걸작품

문형 연습

ソウルを観光する

(1) ～って

어떠한 대상이 궁금해서 물을 때는 「～というのは(～라는 것은)」로 해석이 되며, 문장 끝에 오면 반말체인 「伝聞(전문)」이 된다.

人生って何だと思いますか。	인생이란 무엇이라고 생각합니까?
遠藤さんは病気で来られないって。	엔도 씨는 병이 나서 올 수 없대요.
いったいお金って何ですか。	도대체 돈이란 무엇입니까?

(2) ～いわれる

수동형은 행위를 당하는 사람의 입장에서 서술하기 때문에 「言う」의 수동형인 「～いわれる」는 '～라고 일컬어지다', '～라고 듣다' 등으로 문맥에 따라 다양하게 해석된다.

それは先生に言われるとおりだった。	그것은 선생님이 말씀하신 대로였다.
言われてみればそれも道理だ。	듣고 보니 그것도 일리가 있다.
世界で最古といわれています。	세계에서 가장 오랜된 것으로 전해지고 있습니다.

✿ 단어 ✿

人生(じんせい) 인생　　猿藤(えんとう) 사람의 성　　病気(びょうき) 병
道理(どうり) 도리　　世界(せかい) 세계

(3) なかなか

「～なかなか」는 정도부사(程度副詞)로, 긍정문에서는 '꽤, 상당히, 좀처럼'이란 뜻이며, 부정문에서는 '좀처럼, 그렇게 간단하게'로 해석된다. 비슷한 부사로는 「かなり、ずいぶん」 등이 있다.

藤原さんはゆうべなかなか飲んだんでしょうね。	후지와라 씨는 어젯밤에 상당히 마셨지요?
なかなかうまくできないですね。	좀처럼 잘 되지 않는군요.
彼はなかなか上手に説明した。	그는 매우 능숙하게 설명했다.

(4) ～によって

어떠한 원인에 따라 결과가 올 경우에 나타내는 표현으로 '～에 있어서, ～에 의해, ～때문에'로 해석된다.

それもよりによって雨の日を選ぶとは。	그것도 고르고 골라서 비오는 날을 택하다니.
好みによってスタイルは変わる。	취향에 따라 스타일도 달라진다.
あの会社によって提唱された。	그 회사에 의해 제창되었다.

✿ 단어 ✿

藤原(ふじわら) 사람의 성	**選**(えら)**ぶ** 선택하다, 고르다	**好**(この)**み** 취향
変(か)**わる** 바뀌다, 변하다	**会社**(かいしゃ) 회사	**提唱**(ていしょう) 제창

알아두기

개인적으로 관광지를 소개할 때나, 안내를 받을 때는 기본적인 관련용어만 알아도 쉽게 의사소통을 할 수 있다. 그 기본적인 용어들을 외워보자.

ここからバスで、40分くらいかかります。	여기서 버스로 40분 정도 걸립니다.
こちらのコースは日帰りができます。	이쪽 코스는 당일치기 할 수 있습니다.
地下鉄から降りて、バスに乗り換えます。	지하철에서 내려 버스를 갈아타야 합니다.
愉快な観光になりそうです。	유쾌한 관광이 될 것 같습니다.
私も詳しくはないですが、試しに一緒に行ってみましょう。	저도 자세히는 모릅니다만, 시험 삼아 같이 가봅시다.
私もこちらは初めてですが、本当にすばらしいところですね。	저도 이곳은 처음입니다만, 정말 멋진 곳이군요.
車から降りて一回りしてください。	차에서 내려 한 바퀴 돌아보세요.
着きました、お降りください。	도착했습니다. 내리세요.
次のコースへ行きましょう。	다음 코스로 갑시다.
今度はとちらへ行くんですか。	다음은 어디에 갑니까?
記念写真を撮りましょうか。	기념사진을 찍을까요?
それもご覧になれます。	그것도 보실 수 있습니다.
おかげさまで楽しい旅行になりました。	덕분에 즐거운 여행이 되었습니다.

✿ 단어 ✿

日帰(ひがえ)**り** 당일치기	**地下鉄**(ちかてつ) 지하철	**降**(お)**りる** 내리다
乗(の)**り換**(か)**え** 환승	**愉快**(ゆかい) 유쾌	**観光**(かんこう) 관광
詳(くわ)**しい** 상세하다, 자세하다	**試**(ため)**し** 시험, 시도	**一緒**(いっしょ) 함께, 같이
本当(ほんとう) 정말, 진짜	**降**(お)**りる** 내리다	**一回**(ひとまわ)**り** 한 바퀴 돎, 일주
着(つ)**く** 도착하다	**記念写真**(きねんしゃしん) 기념사진	**撮**(と)**る** 찍다
ご覧(らん)**になる** 보시다	**楽**(たの)**しい** 재미있다, 즐겁다	**旅行**(りょこう) 여행

연습문제

9課 ソウルを観光する

01 다음의 주어진 단어로 문장을 완성하시오.

(1) ～のこと ➡

(2) ～言われる ➡

(3) ～なかなか ➡

(4) ～によって ➡

02 다음의 한국어를 일본어로 바꾸시오.

(1) 그곳은 어떤 곳입니까?

____

(2) 가장 아름다운 곳입니다.

____

(3) 이건 상당히 어렵군요.

____

10課 久しぶりに会う

10課 久しぶりに会う

학습 포인트

1. ソウル駅に着いたばかりです。
2. お仕事はうまくいっていますか。
3. 力いっぱい頑張るほかないですね。

橋本　金さんですか、橋本ですけど。

金　あ、橋本さん、今どちらですか。

橋本　ソウル駅に着いたばかりです。

金　そうですか。迎えに行きますので、待合室でちょっと待っていてくれませんか。

橋本　いいえ、金さんの家まで一人で行けますが。

金　でも、今日は雨で道が込んでいてタクシを捕まえにくいかもしれません。

橋本　では、お言葉に甘えて。

金　やあ、橋本さん。
お久しぶりですね。お元気ですか。

橋本	お蔭様で元気です。金さんのご家族もお元気ですか。
金	ええ、今年うちの娘が大学生になりました。
橋本	お嬢さんが大学生になったんですか。おめでとうございます。
金	ありがとうございます。 ところで、橋本さんのお仕事はうまくいっていますか。
橋本	何とかやっていますが、あまりにも不景気ですので。
金	韓国も同じなんです。 ま、不況続きの中ではあるが力いっぱい頑張るほかないですね。
橋本	好景気を待ちながら体だけは大切にしましょう。

새로운 단어

~たばかり 막 ~한 지 얼마 안 되다(막 ~했다)
迎(むか)**える** 마중하다
待合室(まちあいしつ) 대합실
道(みち)**が込**(こ)**む** 길이 붐비다
お言葉(ことば) 말씀
甘(あま)**える** 어리광을 부리다(응석부리다)
お蔭様(かげさま)**で** 덕분에
家族(かぞく) 가족
お嬢(じょう)**さん** 따님
仕事(しごと) 일, 직업
不景気(ふけいき) 불경기
韓国(かんこく) 한국
同(おな)**じ** 같음
不況(ふきょう) 불황
続(つづ)**き** 계속
頑張(がんば)**る** 열심히 하다
体(からだ) 몸, 신체
大切(たいせつ) 소중함, 중요함

관련 단어

出迎(でむか)**え** 마중
迎(むか)**えに来る** 마중하러 오다
送(おく)**る** 배웅하다
渋滞(じゅうたい) 정체
道(みち)**が空**(す)**く** 길이 한산하다
お子(こ)**さん** 아드님
一生懸命(いっしょうけんめい) 열심히

문형 연습

(1) ～たばかり

「막 ～한 지 얼마 안 되다」, 「방금 ～했다」라는 뜻을 가진 「～たばかり」는 어떠한 동작이 조금 전에 일어났거나, 일어난 지 얼마 안 되었을 때 나타내는 표현이다.

日本に着いたばかりですので右も左も分かりません。	일본에 온 지 얼마 안 되어서 아무것도 모르겠습니다.
採れたばかりの新鮮な野菜です。	갓 따온 신선한 채소입니다.
私は食べたばかりです。	저는 방금 먹었습니다.

(2) うまい

「うまい」는 '맛있다, 잘하다, 훌륭하다, 솜씨가 좋다' 등의 뜻이 있다. 「うまくいく(잘 되어가다)」나 「うまくいかない(잘 되어가지 않다)」로 쓰일 때는 어떠한 일의 진행상태를 묻는 표현이 된다.

鈴木さんのお仕事はうまくいっていますか。	스즈키 씨의 일은 잘 되어가고 있습니까?
今度の企画は思うとおりうまくいかなかった。	이번 기획은 생각대로 잘 되지 않았다.
韓国料理初めて食べてみたところ、とてもうまかった。	한국요리 처음 먹어봤는데 정말 맛있었다.

✿ 단어 ✿

右(みぎ) 오른쪽　　左(ひだり) 왼쪽　　採(と)る 따다, 채취하다
野菜(やさい) 채소　　新鮮(しんせん) 신선　　仕事(しごと) 일, 직업, 작업
企画(きかく) 기획　　思(おも)う 생각하다　　韓国(かんこく)料理(りょうり) 한국요리
初(はじ)めて 처음

(3) ～ほかない

'동사 기본형 + ほかない(～외에는 없다/～외의 방법은 없다)'는 의미로, 그렇게 하는 것 외에는 달리 방법이 없음을 나타낸다.

終電に乗り遅れてしまったので、タクシで帰るほかない。	막차를 놓쳐버려서 택시를 탈 수밖에 없다.
残念だが今日の遠足は延期するほかない。	유감스럽지만 오늘 소풍은 연기할 수밖에 없다.
そういう時はチャンスが来るのを待つほかない。	그럴 때는 찬스가 오기를 기다릴 수밖에 없다.

(4) ～ながら

'동사ます형 + ながら(～하면서)'의 형태로 연결되며 두 가지 행동을 동시에 표현할 때 쓰인다. 그리고 명사와 연결되면 '～그대로, ～채로'로 해석된다.

音楽を聞きながらコーヒーを飲む。	음악을 들으면서 커피를 마신다.
知っていながら、知らないふりをする。	알고 있으면서 모르는 척을 한다.
慶州は昔ながらの建物がたくさん残っている。	경주는 옛날 그대로의 건물이 많이 남아 있다.

✿ 단어 ✿

終電(しゅうでん) 막차	**乗**(の)**り遅**(おく)**れる** 차를 놓치다	**残念**(ざんねん) 유감
遠足(えんそく) 소풍	**延期**(えんき) 연기	**音楽**(おんがく) 음악
昔(むかし) 옛날	**建物**(たてもの) 건물	**残**(のこ)**る** 남다

알아두기

마중을 가거나 배웅을 할 때 쓰이는 용어들을 익혀두자.

着きましたらお電話お願いいたします。	도착하시면 전화주세요.
すぐ出迎えに参ります。	바로 마중하러 가겠습니다.
電話ボックスの前でお待ちしてくださいませんか。	전화박스 앞에서 기다려주세요
駅までお送りいたします。	역까지 배웅해 드리겠습니다.
駅があまり遠くないから一緒に歩いて行きましょう。	역에서 그리 멀지 않으니 같이 걸어갑시다.
車を回して来ます。	차를 돌려 오겠습니다.
見送りは結構です。	안 나오셔도 됩니다.
では、ここら辺で失礼いたします。	그럼, 여기서 실례하겠습니다.

✿ 단어 ✿

電話(でんわ) 전화
遠(とお)**い** 멀다
辺(へん) 주변, 근처
出迎(でむか)**え** 마중
回(まわ)**す** 돌리다
失礼(しつれい) 실례
参(まい)**る** 오다, 가다(行く、来るの 겸양어)
見送(みおく)**り** 배웅

연습문제

10 課 久しぶりに会う

01 다음의 주어진 단어로 문장을 완성하시오.

(1) ～たばかり ➡

(2) ～てくれない ➡

(3) ～ほかない ➡

(4) ～にする ➡

02 다음의 한국어를 일본어로 바꾸시오.

(1) 격조했습니다.

____

(2) 덕분에 그럭저럭 해나가고 있습니다.

____

(3) 또 뵙겠습니다.

____

11 課 家庭訪問

11 課 家庭訪問

학습 포인트

1. ご丁寧にどうもありがとうございます。
2. お口に合いますか。
3. 料理がとてもお上手ですね。

金	こちらは私の家内です。
鈴木	はじめまして。鈴木秀雄です。どうぞよろしくお願いします。
金の妻	遠いところ、わざわざおいでくださいまして…。
鈴木	いいえ、とんでもございません。 奥さん。これお土産ですが、どうぞ。
金の妻	ま、ご丁寧にどうもありがとうございます。

鈴木	おいしそうなものいっぱいですね。
金	韓国の家庭料理を食べさせようと思って、 妻が腕をふるったらしいですよ。

金の妻	大したものは何もございませんが、ごゆっくりたくさん召し上がってください。
鈴木	では、いただきます。
金	鈴木さん、お口に合いますか。
鈴木	ええ、本当においしいですね。 奥さんは料理がとてもお上手ですね。 金さんは幸せな人ですね。やさしくてすぐれた腕前の妻がいるから。
金	ははは、どうもありがとうございます。
金の妻	ご飯、お代わりいかがですか。
鈴木	いいえ、十分いただきました。どうもごちそうさまでした。
金の妻	いいえ、おそまつさまでした。

새로운 단어

家庭(かてい) 가정
訪問(ほうもん) 방문
家内(かない) 집사람
鈴木秀雄(すずきひでお) 스즈키 히데오(사람 이름)
遠(とお)い 멀다
奥(おく)さん 부인(다른 사람의 아내)
お土産(みやげ) 선물, 토산품
丁寧(ていねい) 정중함, 공손함
妻(つま) 아내
腕前(うでまえ) 솜씨, 기량
振(ふ)るう 발휘하다, 휘두르다
召(め)し上(あ)がる 잡수시다, 드시다
口(くち)に合(あ)う 입에 맞다
本当(ほんとう) 정말, 진짜
料理(りょうり) 요리
上手(じょうず) 능숙함, 잘함
幸(しあわ)せ 행복
お腹(なか) 배

관련 단어

結構(けっこう) 충분함, 만족스러움
お腹(なか)が空(す)く 배가 고프다
お腹(なか)いっぱいだ 배가 부르다
手伝(てつだ)う 돕다, 거들다
お手洗(てあら)い 화장실
長居(ながい)をする 한 곳에 오래 머무름
手作(てづく)り料理(りょうり) 손수 만든 요리
後片付(あとかたづ)け 설거지

문형 연습 家庭訪問

(1) わざわざ

「わざわざ」는 상대를 위해 시간이나 비용, 노력 등을 아끼지 않고 배려해 준 것에 감사하는 마음을 표현할 때 쓰이며 '일부러 이렇게까지'라는 의미를 나타낸다. 그러나 「わざと」는 의도적으로 어떠한 행위를 말할 때 쓰이며 '일부로, 고의로'라는 뜻이 되기 때문에 주의하여야 한다.

わざわざ私の所まで届けてくれてありがとう。	일부러 내가 있는 곳까지 갖다주어 고마워요.
駅までわざわざ迎えに来てくれてありがとうございます。	역까지 일부러 마중 와주어서 고맙습니다.
暇を出してわざわざ行ったのに誰もいなかった。	시간을 내어 일부러 갔는데 아무도 없었다.

(2) ～食べさせよう

「たべさせる」에 의지, 권유표현인 「よう」를 접속한 것으로 '～를 먹게 하기 위해'라는 뜻이다.

日本語能力を向上させようと思っているのです。	일본어 능력을 향상시키려고 합니다.
放課後、塾を通わせる親が多いです。	방과 후, 학원에 보내는 부모가 많습니다.
お花を長持ちさせるため、冷たい水をやります。	꽃을 오래가게 하기 위해, 찬물을 줍니다.

단어

迎(むか)**える** 마중하다	**能力**(のうりょく) 능력	**向上**(こうじょう) 향상
放課後(ほうかご) 방과 후	**塾**(じゅく) 학원	**通**(かよ)**う** 다니다
親(おや) 부모	**多**(おお)**い** 많다	**お花**(はな) 꽃
長持(ながも)**ち** 오래감, 오래 씀	**冷**(つめ)**たい** 차갑다	

(3) ～らしい

「～らしい」는 화자가 어떠한 근거를 토대로 판단하여 관찰대상과는 거리를 두고 객관적인 판단 내용을 전하는 추측, 추량의 표현이다. '～답다, ～스럽다, ～인 듯한 기분이 든다'로 해석된다.

伊藤さんはパーティに出たくないらしいです。	이토 씨는 파티에 가고 싶지 않은 것 같습니다.
部屋の中に誰かいるらしいですね。	방 안에 누군가 있는 것 같군요.
この頃は男らしい男がいないですね。	요즘은 남자다운 남자가 없어요.

(4) ～に合う

「～に合う」는 '～에 맞다, 적합하다'의 뜻이다.

いくらきれいでもあなたの足には合わないですよ。	아무리 예뻐도 너한테는 맞지 않아요.
マッコリに合う料理は何ですか。	막걸리에 어울리는 요리는 무엇입니까?
体に合う運動をしなさい。	몸에 맞는 운동을 하세요.

✿ 단어 ✿

伊藤(いとう) 사람의 성　部屋(へや) 방　料理(りょうり) 요리
体(からだ)に合(あ)う 몸에 맞다　運動(うんどう) 운동

알아두기

일본에서 남의 집을 방문했을 경우, 약속시간에 맞추어 가야 하며, 일찍 도착했다고 해서 이른 시간에 들어가는 것은 실례가 된다. 현관에 올라가기 전에 반드시 신발은 문 쪽으로 돌려놓아야 하며 오래 머물지 않도록 한다.
남의 집을 방문했을 때와 맞이했을 때 사용하는 말들을 익혀두자.

今日はお天気ですね。	오늘 날씨가 좋군요.
つまらないものですが。	보잘것없습니다.
これ、ほんの気持ちですが、お受け取りください。	이거 별것 아니지만 마음의 표시이니 받아주십시오.
結構なものありがとうございます。	뭘 이런 걸 다 가지고 오십니까.
お気持ちだけでちょうだいします。	마음만으로도 충분합니다.
おいしそうですね。	맛있겠군요.
お口に合うといいですが。	입에 맞으면 좋겠습니다.
お腹いっぱいです。	배가 부릅니다.
もっと召し上がりませんか。	좀 더 잡수세요.
冷めないうちにどうぞ。	식기 전에 드세요.
コーヒーでも入れましょうか。	커피라도 끓일까요?
お茶が入りました。	차가 다 되었습니다.
すっかり長居してしまいました。	너무 오래 있었습니다.
おじゃましました。	폐가 많았습니다.
お気をつけてください。	몸조심하세요.
どうも失礼しました。	정말 실례가 많았습니다.
またいらしてください。	또 놀러 오십시오.

✿ 단어 ✿

天気(てんき) 날씨 **気持**(きも)**ち** 기분 **受**(う)**け取**(と)**る** 수락하다, 받아들이다
口(くち)**に合**(あ)**う** 입에 맞다 **お腹**(なか) 배 **お茶**(ちゃ) 차
長居(ながい) 한곳에 오래 머무름 **気**(き)**をつける** 조심하다, 주의하다

연습문제

11 課 家庭訪問

01 다음의 주어진 단어로 문장을 완성하시오.

(1) わざわざ ➡

(2) わざと ➡

(3) ～らしい ➡

(4) 上手だ ➡

02 다음의 한국어를 일본어로 바꾸시오.

(1) 대접이 변변치 못했습니다.

____

(2) 천천히 노시다 가세요.

____

(3) 화장실을 사용해도 되겠습니까?

____

12課 お酒を飲む

12課 お酒を飲む

학습 포인트

1. では、試しに飲んでみましょう。
2. ゆっくり飲んだり食べたりしましょう。
3. 知れば知るほど難しいですね。

池田　韓国人は焼酎好きな人が多いですね。

金　ええ、韓国でお酒というと焼酎ですね。

池田　日本でも韓国の焼酎とマッコリは大人気ですが、
私はまだ飲んだことないんです。

金　あ、そうですか。では、試しに飲んでみましょう。

池田　うわ、肴がたくさん出ますね。

金　いくらでもお変わりできますので、ゆっくり飲んだり食べたりしましょう。

池田　ところで、韓国ではお酒を飲むときの習慣が日本と違うと聞いたんですが。

金　韓国では年上の前では、正面を向いて飲まないのが礼儀なんです。

池田　では、年下の人はどうすればいいですか。

金　横を向いて手で隠して飲むんです。
また、お酒を注ぐときは片手をひじに添えてやりますよ。

池田　そうですか。日本とちょっと違うみたいですけど、やってみましょう。
じゃ、一杯どうぞ。

金　池田さん、ここでは全部飲んでから酌をするんです。

池田　へえ、知れば知るほど難しいですね。

새로운 단어

焼酎(しょうちゅう) 소주　**大人気**(だいにんき) 큰 인기　**試**(ため)**しに** 시험 삼아
肴(さかな) 안주(おつまみ는 마른안주를 말함)　**習慣**(しゅうかん) 습관
お変(か)**わり** 같은 음식을 더 먹음, 또는 그 음식　**違**(ちが)**う** 다르다
年上(としうえ) 손위, 연상　**年下**(としした) 손아래, 연하　**正面**(しょうめん) 정면
向(む)**く** 향하다　**礼儀**(れいぎ) 예의　**横**(よこ) 옆
隠(かく)**す** 숨기다, 감추다　**注**(つ)**ぐ** (술을) 따르다　**片手**(かたて) 한쪽 손
一杯(いっぱい) 한잔, 가득　**添**(そ)**える** 첨부하다, 곁들이다　**全部**(ぜんぶ) 전부
酌(しゃく)**をする** 술을 따르다　**難**(むずか)**しい** 어렵다

관련단어

ビール 맥주　**清酒**(せいしゅ) 청주　**居酒屋**(いざかや) 선술집
飲(の)**み屋**(や) 술집　**ビアホール** 호프집　**乾杯**(かんぱい) 건배
一気(いっき)**飲み** 원샷　**二日酔**(ふつかよ)**い** 숙취
お通(とお)**し** 주문한 요리에 앞서 나오는 간단한 안주

문형 연습 お酒を飲む

(1) ~たことがある(ない)

과거완료를 나타내는 조동사의 연체형에 형식명사인 「こと」가 붙어 자신의 경험을 말할 때나 상대방의 경험을 물을 때 주로 사용한다.

韓国の映画を見た事ことがあります。	한국영화를 본 적이 있습니다.
私は見たことも聞いたこともない。	나는 본 적도 들은 적도 없다.
日本の歌を歌ったことがない。	일본노래를 부른 적이 없다.

(2) ~たり(~たり)する

여러 가지 일이나 행위 중에서 몇 개의 예를 들 때 사용하며, 예시나 병렬의 의미를 나타내는 용법이다.

友達に聞いたり、インターネットで調べたりする。	친구에게 묻거나 인터넷에서 찾거나 한다.
ゆうべは遅くまで親友と飲んだり食べたりした。	어젯밤은 늦게까지 친구와 마시기도 하고 먹기도 했다.
暇な時はコーヒーを飲んだり休んだりする。	한가한 때는 커피를 마시거나 쉬거나 한다.

✿ 단어 ✿

歌(うた)**を歌**(うた)**う** 노래를 부르다　**友達**(ともだち) 친구　**調**(しら)**べる** 조사하다
遅(おそ)**い** 늦다　**親友**(しんゆう) 친구

(3) ～てから

「～てから」는 동작의 순서와 시간적인 순서를 나타낸다. 즉, 두 가지 동작이나 어떠한 일의 전과 후의 관계를 확실하게 표현할 때 쓰인다. 비슷한 표현으로 「～た後」가 있다.

学校が終わってから、佐藤さんはアルバイトをしています。	학교가 끝나고 나면 사토 씨는 아르바이트를 합니다.
手を洗ってから、ご飯を食べなさい。	손을 씻고 밥을 먹어라.
どこへ行くか相談してから決めましょう。	어디에 갈 건지 의논한 후 결정합시다.

(4) ～ば ～ほど

가정, 조건표현인 「～ば(면)」에 정도를 더하는 「～ほど(일수록)」가 합해진 문형으로, 술어가 나타내는 정도를 보다 더 크게 하거나 심도를 깊게 하는 의미가 있다.

漢字は書けば書くほど覚えることができます。	한자는 쓰면 쓸수록 잘 외워집니다.
静かならば静かなほどよく寝ることができます。	조용하면 조용할수록 잠을 잘 잘 수가 있습니다.
家賃は広ければ広いほど値段が高いです。	집세는 넓으면 넓을수록 가격이 비쌉니다.

✿ 단어 ✿

学校(がっこう) 학교
相談(そうだん) 상담
寝(ね)**る** 자다
値段(ねだん) 가격
佐藤(さとう) 사람의 성
漢字(かんじ) 한자
家賃(やちん) 집세
高(たか)**い** 비싸다
洗(あら)**う** 씻다
覚(おぼ)**える** 외우다, 기억하다
広(ひろ)**げる** 넓히다, 펼치다

알아두기

상대방과의 관계를 융합시켜 인간관계를 더욱더 친숙하게 하는 곳이 술자리이며, 그 매개체 역할을 하는 것이 술이다. 술자리에서의 매너도 미리 알아두고, 필요한 언어를 익혀두자.

無礼講(ぶれいこう) : 술자리에서 지위나 신분을 막론하고 편하게 어울리고 즐기는 술자리란 의미이다. 상대방이 「無礼講だから」라고 해도 무례한 말이나 불만을 말해서는 안 된다.

愚痴(ぐち)を言わない : 푸념을 늘어놓거나 남을 비방하지 않는다.

一気に飲み干さない : 한꺼번에 다 마시지 않는다.

酔っ払いすぎない : 너무 취하지 않도록 한다.

ビールでよろしいですか。	맥주로 하시겠습니까?
どうぞ、お注ぎいたします。	자, 따르겠습니다.
お酒が飲めない体質なんです。	술을 못 마시는 체질입니다.
少しだけちょうだいいたします。	조금만 주세요.
乾杯しましょう。	건배합시다.
もう結構です。	이제 충분합니다.

✿ 단어 ✿

一気(いっき) 단숨, 한꺼번에　**飲**(の)**み干**(ほ)**す** 다 마시다　**酔**(よ)**っ払**(ぱら)**い** 취객, 술주정꾼
注(つ)**ぐ** 따르다　**体質**(たいしつ) 체질　**乾杯**(かんぱい) 건배

연습문제

12課 お酒を飲む

01 다음의 주어진 단어로 문장을 완성하시오.

(1) ～というと ➡

(2) ～たり～たりする ➡

(3) ～てやる ➡

(4) ～けど ➡

02 다음의 한국어를 일본어로 바꾸시오.

(1) 저는 술을 잘 못 마십니다.

____

(2) 자, 한잔 하세요.

____

(3) 모두 건배합시다.

____

13課 南大門市場で

13課 南大門市場で

학습 포인트

1. ぜひ行ってもらいたかったです。
2. 好みで食べられます。
3. 辛いのは大丈夫ですか。

吉田	あの、金さん、今日はゆっくり食べ歩きツアーをしたいんですが、どこかいい所ありませんか。
金	はい、それはやっぱり南大門市場ですね。 吉田さんにぜひ行ってもらいたかった所ですよ。 昔ながらの市場の風景がそのまま残っているのが特徴です。 南大門市場に行くと品物も安く買えるし、おいしい露店もたくさんあるので、好みで食べられます。
吉田	それは楽しみですね。
金	そこは日本人の観光客にも人気の高いスポットの一つです。

吉田	わあ、たいへん混んでいますね。

金	常ににぎわいを見せているので、ここに来たら生きた心地がしますよ。
吉田	私もですよ。うわ、あちこちの露店に食べ物が一杯並んでいる。 急に、お腹が空いてきました。
金	吉田さん、辛いのは大丈夫ですか。
吉田	はい、私は韓国のキムチもよく食べられます。
金	でしたら、トックポッキとスンデなど、いろいろ食べて見ましょう。

새로운 단어

食(た)**べ歩**(ある)**きツアー** 외식 여행
市場(いちば) 시장
昔(むかし) 옛날
風景(ふうけい) 풍경
残(のこ)**る** 남다
特徴(とくちょう) 특징
品物(しなもの) 물건, 상품
露店(ろてん) 노점
好(この)**み** 기호, 취향
観光(かんこう) 관광
人気(にんき) 인기
スポット 명소
混(こ)**む** 붐비다
常(つね)**に** 늘, 항상
心地(ここち) 기분, 느낌
並(なら)**ぶ** 늘어서다, 줄을 서다
急(きゅう)**に** 갑자기
空(す)**く** 공복이 되다, 비다
辛(から)**い** 맵다
大丈夫(だいじょうぶ) 괜찮다

관련 단어

商店(しょうてん) 상점
夜店(よみせ) 야시장
四日市(よっかいち) 4일장
五日市(いつかいち) 5일장
取引(とりひき) 거래
庶民情緒(しょみんじょうしょ) 서민정서

문형 연습 南大門市場で

(1) ～てもらう

타인에게서 어떠한 도움을 받거나 행위를 받을 때 쓰는 표현으로 '～해 받다'로 해석된다. 대개의 경우 「～てもらう」는 조사 「に」를 수반하지만 문맥에 따라서는 「から」를 쓸 수도 있다.

私は宋先生に日本語を習っています。	저는 송 선생님에게 일본어를 배우고 있습니다.
このスカーフは横山さんから買ってもらいました。	이 스카프는 요코야마 씨로부터 받았습니다.
あなたから貸してもらったお金を返します。	당신에게 빌린 돈을 갚겠습니다.

(2) ぜひ

어떤 일의 실현이나 실행을 강하게 나타내거나 긍정적인 희망, 의지 등의 표현에 쓰이며 '꼭, 반드시, 무슨 일이 있어도'의 뜻이다.

韓国にいらしたら私のところにぜひ立ち寄ってください。	한국에 오시면 저한테 꼭 들려주세요.
金先生にぜひ会ってみたいです。	김 선생님을 꼭 만나고 싶습니다.
今度こそ、彼はぜひ合格するでしょう。	이번에야말로, 그 사람 꼭 합격하겠지요.

✿ 단어 ✿

習(なら)う 배우다	横山(よこやま) 사람의 성	貸(か)す 빌려주다
返(かえ)す 갚다, 돌려주다	立(た)ち寄(よ)る 다가서다, 들르다	合格(ごうかく) 합격

(3) ～てくる

과거에서 현재로, 어떠한 변화가 서서히 진행되고 있는 과정을 나타내며, 그 뜻은 '～해져 오다'이다.

サービス産業も次第に変わってきた。	서비스산업도 점차로 바뀌어져 왔다.
富士山が見えてきた。	후지산이 보인다.
暖かい風が吹いてきた。	따뜻한 바람이 불어왔다.

(4) ましょう

동사 연용형에 연결되어 상대방에게 어떠한 행동을 권유하거나 함께 하자는 의미를 나타낸다. 그리고 「ましょう」보다 적극성이 약한 「ましょうか, ませんか」의 형태로도 쓰인다.

さあ、一杯飲みましょう。	자, 한잔 합시다.
授業が終わってから市内に遊びに行きませんか。	수업이 끝난 후, 시내에 놀러가지 않겠습니까?
これからもっと頑張りましょう。	이제부터 더 열심히 합시다.

✿ 단어 ✿

産業(さんぎょう) 산업 次第(しだい)に 점차, ～나름임 暖(あたた)かい 따뜻하다
風(かぜ)が吹(ふ)く 바람이 불다 授業(じゅぎょう) 수업 遊(あそ)ぶ 놀다

알아두기

시장은 그 나라 사람들의 정서를 가장 가까이에서 알 수 있는 곳이기에 관광객이면 누구나 한 번쯤 가보고 싶어하는 곳이다. 백화점이나 마트와 달리 시장에서는 흥정하기에 따라 가격이 달라지기 때문에 상당히 흥미로운 곳이기도 하다.

어떤 용어가 쓰이는지 알아두자.

ちょっと割引してくれませんか。	할인 좀 해주지 않겠습니까?
高いですね、少し安くしてください。	비싸군요. 싸게 해주세요.
少し負けてくれませんか。	좀 깎아주세요.
勉強してあげます。	에누리해 드리겠습니다.
おまけにもう一個、どうですか。	덤으로 한 개 더 주세요.
一度試しに召し上がってください。	한 번 시험 삼아 드셔보세요.
これはただでサービスします。	이것은 그냥 서비스입니다.
あいにくですが、ただいまそれは品切れしております。	공교롭게도 이건 방금 품절되었습니다.
今年は赤色のセーターがはやるそう0ですが。	올해는 빨간색 스웨터가 유행한답니다.

✿ 단어 ✿

割引(わりびき) 할인
安(やす)**い** 싸다
負(ま)**ける** 값을 깎아주다, 지다
一個(いっこ) 한 개
品切(しなき)**れ** 품절
バーゲンセール 바겐세일

연습문제

13課 南大門市場で

01 다음의 주어진 단어로 문장을 완성하시오.

(1) ～てもらう ➡

(2) ～ているのが ➡

(3) ～てくる ➡

(4) ～られる ➡

02 다음의 한국어를 일본어로 바꾸시오.

(1) 한 번 먹어보겠습니까?

____

(2) 한국에 오시면 꼭 우리 집에 놀러오세요.

____

(3) 맵지만, 맛있습니다.

____

14課 チェックアウト

14 課 チェックアウト

학습 포인트

1. お部屋のかぎをいただけますか。
2. お支払いはどのようになさいますか。
3. お泊りはいかがでしたか。

青木	すみません。チェックアウトお願いします。
ホテルマン	はい、かしこまりました。 お部屋のキーをちょうだいいたします。 あ、302号室のお客様でございますね。少々お待ちください。
ホテルマン	お待たせいたしました。 二泊の宿泊料にお食事代、国際電話料を合わせて324,500ウォンになります。 こちらが明細ですのでご確認いただけますか。
青木	あっていますね。
ホテルマン	お支払いはどのようになさいますか。
青木	カードで払ってもいいですか。

ホテルマン	はい、どちらのカードですか。
青木	VISAカードですが。
ホテルマン	はい、結構でございます。 お客様、こちらにサインをお願いします。
青木	ここですね。
ホテルマン	お泊りはいかがでしたか。
青木	お陰で楽しく過ごせました。ありがとう。
ホテルマン	それは幸いでございます。 こちら、カードをお返しいたします。どうもありがとうございました。 またのお越しをお待ちしております。

새로운 단어

宿泊代(しゅくはくだい) 숙박요금	食事(しょくじ) 식사	国際(こくさい) 국제
電話料(でんわりょう) 전화료	明細(めいさい) 명세	確認(かくにん) 확인
支払(しはら)い 지불	お泊(とま)り 숙박	お陰(かげ)で 덕분에
楽(たの)しい 즐겁다, 재미있다	過(す)ごす 지내다, 보내다	お返(かえ)し 거스름돈
幸(さいわ)い 다행히	お越(こ)し 오심, 가심(行くこと、来ることの 높임말)	

관련 단어

小切手(こぎって) 수표	勘定(かんじょう) 셈, 계산	計算(けいさん) 계산
ルームサービス 룸서비스	洗濯代(せんたくだい) 세탁비	ランドリーサービス 세탁서비스
伝票(でんぴょう) 전표	滞在(たいざい) 체재	税込(ぜいこ)み 세금 포함
合計(ごうけい) 합계	キャッシュ 현금	預(あず)かり札(ふだ) 보관표
預(あずか)り証(しょう) 보관증	引(ひ)き換(か)え札(ふだ) 교환표	

문형 연습

チェックアウト

(1) ~いただける

「~いただける」는 「~もらう(받다)」의 겸양어인 「~いただく」의 가능형이다. 자신을 겸손하게 낮추고 상대방을 경의로 표현하는 일본어의 대표적인 겸양표현이라 할 수 있다. 특히, 상대방에게 뭔가를 부탁하거나 의뢰할 때는 가능형으로 표현하여 정중하고 격식을 갖추도록 한다.

お褒めのお言葉をいただけて嬉しく思います。	칭찬을 해주셔서 기쁩니다.
先生の書いた論文を見せていただけないでしょうか。	선생님이 쓰신 논문을 보여주시지 않겠습니까?
申し訳ございませんが、この企画書、目を通していただけませんか。	죄송합니다만, 이 기획서를 좀 봐주시겠습니까?

(2) ~ように

사물을 비유할 때는 '마치~와 같다', 어떠한 사항을 구체적으로 예시할 때는 '예를 들면 ~와 같다' 또는 '~하도록, 하게끔'의 뜻으로 활용된다.

ボリュームたっぷり、まるで山のようですね。	양이 많아서 마치 산 같아요.
寒いですから、風邪をひかないようご注意ください。	추우니까 감기 걸리지 않도록 주의하세요.
それではお客さんのよろしいようにしてください。	그럼 손님 편하신 대로 하세요.

단어

褒(ほ)**める** 칭찬하다	**言葉**(ことば) 말	**嬉**(うれ)**しい** 기뻐하다
論文(ろんぶん) 논문	**見**(み)**せる** 보이다	**企画書**(きかくしょ) 기획서
目(め)**を通**(とお)**す** 훑어보다	**注意**(ちゅうい) 주의	**お客**(きゃく) 손님

(3) いかがですか

「どうですか(어떻습니까)」의 겸양어인 「いかがですか」는 상대방에게 뭔가를 권유하거나 의견을 물을 때 많이 사용된다.

大塚さん、お茶でもいかがですか。	오즈카 씨, 차라도 드시겠습니까?
味の方はいかがですか。	맛은 어떻습니까?
こちらの方が安くて質もいいと思いますが、いかがですか。	이쪽이 싸고 질도 좋은 것 같습니다만, 어떻습니까?

(4) ～ちょうだいする

「もらう」의 겸양표현으로, 상대에게 어떤 것을 달라거나 해주도록 할 때 다정하게 부탁하는 말이다.

すぐ来てちょうだいね。	빨리 와주세요.
もう十分ちょうだいしました。	이미 충분히 먹었습니다.
お小遣いをちょうだい。	용돈을 주세요.

✿ 단어 ✿

大塚(おおつか) 사람의 성　味(あじ) 맛　質(しつ) 질
十分(じゅろぶん) 충분히　お小遣(こづか)い 용돈

알아두기

여행지에서 고객이 마무리를 하고 돌아가기 위해 정리를 하는 곳이 호텔이며 체크아웃을 할 때이다. 마지막까지 좋은 이미지를 갖고 돌아갈 수 있도록 마음을 쓰지 않으면 안 된다.

체크아웃 시 사용하는 용어들을 익혀보자.

お立ちでございますか。	떠나십니까?
冷蔵庫の中のものはお飲みになりましたか。	냉장고 안의 것은 드셨습니까?
お待たせいたしました。	오래 기다리셨습니다.
お支払いはどのようにしますか。	지불은 어떻게 하시겠습니까?
カードでお願いしたいんですが。	카드로 지불하고 싶습니다만.
もう一度お調べいたします。	다시 한 번 알아보겠습니다.
お預かり証をベルマンにお見せください。	보관증을 벨맨에게 보여주세요.
お褒めのお言葉頂き、大変嬉しく存じます。	칭찬을 해주셔서 정말 기쁘게 생각합니다.
申し訳ありませんが、こちらの手違いでございます。	죄송합니다만, 저희의 잘못입니다.
ジュース代は差し引かせていただきます。	주스값을 빼드리겠습니다.
しばらくお待ちいただけますか。	잠시 기다려주시겠습니까?
またのお越しをお待ちしております。	다시 찾아주실 것을 기다리고 있겠습니다.
ご利用くださいましてありがとうございます。	이용해 주셔서 감사합니다.

✿ 단어 ✿

お立(た)**ち** 출발하심, 떠나심　**冷蔵庫**(れいぞうこ) 냉장고　**待**(ま)**つ** 기다리다
支払(しはら)**い** 지불　**お預**(あず)**かり証**(しょう) 보관증　**手違**(てちが)**い** 착오, 차질
差(さ)**し引**(ひ)**く** 빼다, 차감하다　**お越**(こ)**し** 오심, 가심

연습문제

14 課 チェックアウト

01 다음의 주어진 단어로 문장을 완성하시오.

(1) ～を合わせる ➡

(2) ～になる ➡

(3) ～ておる ➡

(4) ～でござる ➡

02 다음의 한국어를 일본어로 바꾸시오.

(1) 체크아웃을 하고 싶습니다만.

____

(2) 오늘의 환율은 어떻습니까?

____

(3) 잠깐 확인해 보겠습니다.

____

15課 お土産を買う

15 課 お土産を買う

학습 포인트

1. 何かおさがしですか。
2. 買わなければならない。
3. クレジットカードで払ってもいいですか。

店員	いらっしゃいませ。何かお探しですか。
渡辺	ただ見物に来たんですけど、気に入る品物があったら買うつもりです。
店員	いろいろございますので、どうぞごゆっくり。
渡辺	実は、彼女にお土産を買わなければならないんだけど…。
店員	あら、彼女様へのお土産ですね。 でしたら、この化粧品はいかがですか。
渡辺	あ、これは日本でも知られているあの有名な…。
店員	あっ、ご存知ですか。 日本で買う半額の値段で買えますが。
渡辺	そうですか。でしたら、スキンローションとアイクリームをください。

店員	ありがとうございました。58,000ウォンになります。
渡辺	あの、クレジットカードで払ってもいいですか。
店員	はい、かまいませんよ。 お客様、こちらにサインお願いいたします。
渡辺	ええ、これでいいですか。
店員	はい、結構です。他に何かお探し物はございませんか。
渡辺	あの、海苔の売場はどこですか。
店員	こちらをまっすぐ行って突き当たりの右側でございます。
渡辺	はい、どうもありがとうございます。

새로운 단어

探(さが)**す** 찾다
品物(しなもの) 물건, 상품
有名(ゆうめい) 유명
半額(はんがく) 반액
構(かま)**う** 상관하다, 마음 쓰다
突(つ)**き当**(あ)**たり** 막다른 곳
見物(けんぶつ) 구경
お土産(みやげ) 투산품, 선물
存(ぞん)**じる** 알고 있다(知る의 겸양어)
値段(ねだん) 가격
海苔(のり) 김
右側(みぎがわ) 오른쪽
気(き)**に入**(い)**る** 마음에 들다
化粧品(けしょうひん) 화장품
クレジットカード 신용카드
売場(うりば) 매장

관련 단어

商品(しょうひん) 상품
海苔巻(のりま)**き** 김밥
売(う)**れ筋**(すじ) 인기상품, 잘 팔리는 상품
領収書(りょうしゅしょ) 영수증
バーバリー 버버리
贈(おく)**り物**(もの) 선물
お握(にぎ)**り** 주먹밥
ニナリッチ 니나리치
免税(めんぜい) 면세
価格(かかく) 가격
左側(ひだりがわ) 왼쪽
割引(わりびき) 할인
クリスチャンディオール 크리스찬디올

문형 연습 お土産を買う

(1) ～なければならない

반드시 해야 하는 의무나 필요성을 나타내거나 상대방에게 어떠한 일을 의무적으로 또는 필요에 의해 강요할 때 사용되며, '～하지 않으면 안 된다', '～해야 된다'로 해석된다.

門限が10時までですので帰らなければならないです。	귀가시간이 10시까지이기 때문에 돌아가지 않으면 안 됩니다.
税金を納めなければならない。	세금을 내지 않으면 안 된다.
もう少し我慢しなければならないです。	좀 더 참지 않으면 안 됩니다.

「～なければならない」와 같은 표현으로「なくてはならない」,「なくてはいけない」등이 있다. 특히,「～てはいけない(てはいけません)」는 누군가에게 주의를 주거나 명령할 때 많이 쓰인다.

風邪気味なので、お風呂に入ってはいけません。	감기기운이 있기 때문에 목욕하면 안 됩니다.
2ケ月前、予約をしなくてはならない。	두 달 전에 예약하지 않으면 안 된다.
妻のお土産を買わなくてはいけない。	아내의 선물을 사야 한다.

✿ 단어 ✿

門限(もんげん) 통금시간　税金(ぜいきん) 세금　納(おさ)める 납부하다
我慢(がまん) 참음, 인내　風邪気味(かぜぎみ) 감기기운　お風呂(ふろ)に入(はい)る 목욕하다
妻(つま) 처　お土産(みやげ) 선물, 토산품

(2) 存じる

「知っている(알다)」의 겸양어가 「存じている」이다. 「知らない(모르다)」는 「存じない」인데, 일반적으로 「ぞんじております(알고 있습니다)」나 「存じません(모릅니다)」 형태로 쓰인다.

先生のお名前は存しております。	선생님의 성함은 알고 있습니다.
そのことはよく存じております。	그러한 것은 잘 알고 있습니다.
申し訳ありませんが、私は何も存じません。	죄송합니다만, 저는 아무것도 모릅니다.

(3) ～てもいい

상대방에게 허가나 허락을 구하거나 요구사항을 허락하는 표현이다. 같은 표현으로 「ても(でも)かまわない」, 「ても(でも)よろしい」가 있다.

ここに座ってもいいですか。	여기에 앉아도 되겠습니까?
誰でもいいから、ちょっと手伝ってくれませんか。	아무라도 괜찮으니까, 좀 도와주지 않겠습니까?
思う存分使ってもかまわないです。	마음껏 사용해도 상관없습니다.
早く帰ってもよろしいですか。	빨리 돌아가도 괜찮겠습니까?

✿ 단어 ✿

お名前(なまえ) 성함　**存**(ぞん)**じる** 알고 있다(知る의 겸양어)
何(なに)**も** 아무것도　**座**(すわ)**る** 앉다　**手伝**(てつだ)**う** 돕다, 거들다
思(おも)**う存分**(ぞんぶん) 마음껏, 실컷

알아두기

수많은 외국인이 드나드는 면세점은 그 나라의 상품 이미지와 서비스 형태를 제일 먼저 접하는 곳이다. 밝은 미소와 부드러운 언어로 맞이하자.

면세점에서 사용되는 기본문장을 외워보자.

これはいかがですか。	이것은 어떻습니까?
高麗人参コナーはあちらでございます。	고려인삼 코너는 저쪽입니다.
バラ売りはいたしておりません。	낱개로 판매하지 않습니다.
一万円、お預かりいたします。	만 엔 받았습니다.
500円のお返しでございます。	거스름돈 500엔 입니다.
お酒は何本まで変えますか。	술은 몇 병까지 살 수 있습니까?
免税店の割引券は使えますか。	면세점 할인권을 사용할 수 있습니까?
こちらは新商品でございます。	이것은 신상품입니다.
今の季節にぴったりのでございますが。	이 계절에 꼭 어울리는 것입니다만.
レシート(領収証)でございます。	영수증입니다.

✿ 단어 ✿

高麗人参(こうらいにんじん) 고려인삼
一万円(いちまんえん) 일만 엔
バラ売(う)**り** 낱개판매
何本(なんぼん) 몇 병
免税店(めんぜいてん) 면세점
割引券(わりびきけん) 할인권
新商品(しんしょうひん) 신상품
季節(きせつ) 계절
レシート 영수증
領収証(りょうしゅうしょう) 영수증

연습문제

15課 お土産を買う

01 다음의 주어진 단어로 문장을 완성하시오.

(1) ～たら ➡

(2) ～なければならない ➡

(3) ～てもいい ➡

(4) ～かまう ➡

02 다음의 한국어를 일본어로 바꾸시오.

(1) 비가 오면 경기는 중지합니다.

____

(2) 가지 않아도 됩니다.

____

(3) 와주지 않아도 괜찮습니다.

____

16課 出国の際

16課 出国の際

학습 포인트

1. 空港までどのぐらいかかりますか。
2. 飛行機に預ける荷物を渡しに行きましょう。
3. 本当にお世話になりました。

小林　このホテルから仁川空港までどのぐらいかかりますか。

朴　リムジンなら約1時間で行けますが。

小林　バスの方はどうですか。

朴　えーと、バスですか。
荷物が多いのでバスはちょっと不便じゃないでしょうか。

小林　それもそうですね。では、リムジンに乗って楽に行きましょう。

朴　ええ、そうしましょう。

朴　飛行機に預ける荷物を渡しに行きましょう。
ところで、小林さんはタバコを吸いますか。

小林　いいえ、吸いませんが。

朴	でしたら、禁煙席にしましょうか。
小林	はい、お願いします。
朴	搭乗券と預けた荷物のクレームダックです。
小林	クレームダックって。
朴	手荷物引換証です。 これを受け取ることで手続きは終了です。
小林	この度は本当にお世話になりました。
朴	いいえ、こちらこそ。また、会える日を楽しみにしております。
小林	では、さようなら。
朴	いつまでもお元気で。さようなら。

새로운 단어

空港(くうこう) 공항
不便(ふべん) 불편
預(あず)**ける** 맡기다
禁煙席(きんえんせき) 금연석
手荷物(てにもつ) 수하물
手続(てつづ)**き** 수속
本当(ほんとう) 정말, 진짜
約(やく) 약
楽(らく)**に** 편히, 편하게
渡(わた)**す** 건네다
搭乗券(とうじょうけん) 탑승권
引換証(ひきかえしょう) 교환권
終了(しゅうりょう) 종료
世話(せわ) 돌봐줌, 보살핌
荷物(にもつ) 짐, 화물
飛行機(ひこうき) 비행기
吸(す)**う** 피우다, 흡입하다
クレームダック 수하물 교환권
受(う)**け取**(と)**る** 받다, 수취하다
今度(こんど) 이번, 다음번
楽(たの)**しみ** 기대, 즐거움

관련 단어

パスポート 여권
記入(きにゅう) 기입
税関(ぜいかん) 세관
乗(の)**り遅**(おく)**れる** (탈것의 출발 시간에) 늦어서 못 타다, 놓치다
品物(しなもの) 물건, 상품
搭乗(とうじょう) **ゲート** 탑승 문
出入国(しゅつにゅうこく)**カード** 출입국카드
喫煙席(きつえんせき) 흡연석
検査(けんさ) 검사
数量(すいりょう) 수량
出国審査(しゅっこくしんさ) 출국심사
持(も)**ち出**(だ)**す** 들고 나가다, 반출하다
管理局(かんりきょく) 관리국
課税(かぜい) 과세
完了(かんりょう) 완료

01 문형 연습 出国の際

(1) ～なら

「なら」는 조건이나 화자의 희망사항을 말할 때, 혹은 앞에 오는 사항을 전제로 자기의 의견을 제시할 때 쓰이는 가정, 조건표현 중의 하나이다. '～(이)라면, ～(할)거라면, ～면, ～(한)다면'의 뜻을 나타낸다.

学校に行くなら、ご飯を食べなさい。	학교에 갈 거면 밥을 먹어요.
お酒ならいくらでも飲めます。	술이라면 얼마든지 마실 수 있습니다.
温泉旅行ならやっぱり日本ですよ。	온천여행이라면 역시 일본이지요.

(2) ～行ける

동사 기본형「ウ단」을「エ단」으로 바꾸면 가능의 뜻을 나타낼 수 있다. 이외에도「동사 기본형 + ことができる」의 형태로도 표현할 수 있는데, 주로 문어체에서 많이 쓰인다.

日本語で手紙を書くことができます。	일본어로 편지를 쓸 수 있습니다.
私は日本語の新聞が読めます。	저는 일본어 신문을 읽을 수 있습니다.
これ，苦い味がして飲めません。	이것, 쓴맛이 나서 마실 수가 없습니다.

✿ 단어 ✿

ご飯(はん) 밥　　温泉旅行(おんせんりょこう) 온천여행　　手紙(てがみ) 편지
新聞(しんぶん) 신문　　苦(にが)い味(あじ) 쓴맛

(3) ～じゃ(では)ない

명사나 형용동사를 부정할 때 쓰이는 표현인 「～じゃ(では)ない」는 '～는(이/가) 아니다'의 뜻을 나타낸다.

会話では「じゃない、じゃありません」をつけることが多い。	회화에서는 「아니다, 아닙니다」를 붙이는 일이 많다.
彼女はきれいじゃないけど、気立てがやさしい。	그녀는 예쁘지는 않지만 마음씨가 곱다.
けっしてあなたのせいじゃないです。	결코 당신 탓이 아닙니다.

(4) ところで

이야기를 하던 중 화제를 바꾸어 다른 이야기로 전환하고자 할 경우에 사용하는 접속조사로 '그런데'의 뜻이 있다.

ところで、希望の本は手に入りましたか。	그런데 희망하던 책은 구했습니까?
ところで、2009年度も今日で終わりですね。	그런데 2009년도 오늘로 마지막이군요.
あ、そうですか。ところで、待ち合わせはどこにしましょうか。	네, 그렇습니까? 그런데 어디서 만날까요?

✿ 단어 ✿

会話(かいわ) 회화 / 気立(きだ)て 마음씨 / 希望(きぼう) 희망
手(て)に入(はい)る 손에 넣다 / 年度(ねんど) 연도 / 待(ま)ち合(あ)わせ 약속장소

알아두기

사람은 살아가면서 수많은 사람과 만나고 헤어진다. 헤어질 때의 모습은 상대방의 기억에 오래 남으며, 그 사람의 일생을 바꾸기도 한다. 고객이 고향으로 돌아갈 때, 또는 자신과 아는 사람과 헤어질 때 하는 인사용어를 학습해 두자.

おかげで楽しく過ごしました。	덕분에 편히 잘 보냈습니다.
滞在中はいろいろとお世話になりました。	체재 중에 여러 가지로 신세가 많았습니다.
とんでもないことです。	천만의 말씀을요.
ご家族の皆さんにもよろしくお伝えください。	가족들에게도 안부 전해주세요.
お気をつけてお帰りください。	조심히 들어가세요.
会えてうれしかったです。	만나서 반가웠습니다.
また会える事を楽しみにしています。	다시 만날 수 있기를 기대하겠습니다.
また遊びに来てください。	또 놀러 오세요.
またお越しください。	또 들려주시기 바랍니다.

✿ 단어 ✿

過(す)ごす 보내다, 지내다, 살다　**滞在中**(たいざいちゅう) 체재 중　**お世話(せわ)になる** 신세를 지다
ご家族(かぞく) 가족　**伝(つた)える** 전하다

연습문제

16課 出国の際

01 다음의 주어진 단어로 문장을 완성하시오.

(1) ～って ➡

(2) ～ことで ➡

(3) ～ませんが ➡

(4) ～ところで ➡

02 다음의 한국어를 일본어로 바꾸시오.

(1) 별말씀을 다 하십니다.

____

(2) 만날 장소는 어디로 할까요?

____

(3) 감기 조심하세요.

____

부록

본문해석

3. 공항에서 처음 만나다

김 저, 실례합니다만, 혹시 기무라 씨입니까?

게이코 그렇습니만, 아, 당신은 메일친구인 김씨군요.

김 기무라 씨, 만나서 반갑습니다.

게이코 김씨는 사진보다 훨씬 젊게 보이는군요.

김 그래요? 감사합니다.

게이코 그런데 저분은?

김 이쪽은 제 여동생입니다.

게이코 처음 뵙겠습니다. 잘 부탁드리겠습니다.

동생 저는 김민지입니다. 저야말로 잘 부탁드립니다.

게이코 민지 씨는 대학생입니까?

동생 아니오, 대학생이 아닙니다. 고등학교 3학년입니다.

게이코 아, 그렇습니까? 입시로 바쁘지 않습니까?

동생 그 정도는 아닙니다.

게이코 그런데 마중 나와 주셔서 고맙습니다.

동생 아니오. 별말씀을요.

김 호텔 근처에서 식사라도 합시다.

게이코 호텔까지 얼마나 걸립니까?

김 길이 붐비지 않으면 40분 정도 걸립니다.

4. 호텔 프런트에서

클럭 어서 오십시오.

마사코 체크인 하고 싶습니다.

클럭 예약하셨습니까?

마사코 예, 3일 전에 예약해 두었습니다.

클럭 네, 그렇군요.
성함을 말씀해 주세요.

마사코 다카하시 마사코입니다.

클럭 다카하시 마사코님이시군요. 잠시 기다려주세요.
네, 예약이 되어 있습니다.
그럼, 여기에 성함과 주소를 적어주십시오.

마사코 이걸로 됐습니까?

클럭 네, 충분합니다.
손님의 방은 신관에 있는 온돌방입니다.
벨맨이 안내해 드리겠습니다.

벨맨 손님, 짐은 제가 들어드리겠습니다.
짐은 어디에 놓을까요?

마사코 그쪽에 두세요.

벨맨 볼일이 있으시면 언제라도 편한 마음으로 벨 데스크를 불러주세요.
그럼, 편히 쉬세요.

5. 호텔시설안내

호텔맨 손님, 이것은 방 열쇠와 식사권입니다.

카나이 저, 아침은 몇 시부터입니까?

호텔맨 아침 6시 반부터 8시까지 이용할 수 있습니다.
한정식은 2층 왼쪽에 있으며, 양식은 뷔페식으로 오른쪽에 있습니다.

카나이 네, 잘 알겠습니다. 그런데 카지노는 있습니까?

호텔맨 카지노는 지하 1층에 있습니다.

카나이 그리고, 한 가지 더 묻겠습니다만, 면세점은 어디에 있습니까?

호텔맨 면세점은 옆의 별관 건물 1층에 있습니다.

카나이	팩스도 이용할 수 있습니까?
호텔맨	네, 2층 비즈니스센터에서 이용할 수 있습니다.
카나이	비즈니스센터라면?
호텔맨	회의실 정면이 비즈니스센터입니다. 거기에는 팩스를 비롯하여, 복사기, 컴퓨터 등이 비치되어 있습니다.
카나이	그렇습니까? 알겠습니다.
호텔맨	에스컬레이터는 오른쪽에 있습니다.
카나이	고맙습니다.
호텔맨	아니오, 별말씀을요. 또 무슨 볼일이 있으시면 내선 0번을 눌러주세요. 그럼 편히 쉬십시오.

6. 레스토랑에서

웨이터	어서 오십시오. 몇 분이십니까?
마쓰모토	3명입니다.
웨이터	이쪽 창가 좌석으로 하시겠습니까?
마쓰모토	네, 이곳은 전망이 좋군요.
웨이터	감사합니다. 물과 메뉴를 가지고 오겠습니다. 잠깐 기다려주세요.
마쓰모토	나는 냉수를 부탁해요.
웨이터	많이 기다렸습니다. 손님, 요리는 어떻게 해드릴까요?
마쓰모토	오늘 추천요리는 무엇입니까?
웨이터	신선한 해산물 코스요리입니다.
이케다	와, 그거 기대되는군요. 그 코스요리는 얼마입니까?
웨이터	1인당 25,000원입니다. 음료는 무엇으로 하시겠습니까?
마쓰모토	적포도주로 주세요.
웨이터	네, 잘 알겠습니다.

7. 환전하다

호텔맨 손님, 부르셨습니까?

오가와 미안하지만, 이 호텔에서 환전할 수 있습니까?

호텔맨 우리 호텔에 머무시는 분입니까?

오가와 네, 704호입니다.

호텔맨 알겠습니다. 얼마나 환전하실 겁니까?

오가와 오늘 환시세는 어떻게 됩니까?

호텔맨 오늘 시세는 100엔에 1,250원입니다.

오가와 그렇습니까? 드럼 여행자수표와 현금 5만 엔을 부탁드리겠습니다.
그리고 잔돈을 조금 섞어 주지 않겠습니까?

호텔맨 알겠습니다.
5백 원짜리와 100원짜리를 섞어서 3천 원 정도로 되겠습니까?

오가와 네.

호텔맨 손님, 여권을 보여주시겠습니까?

오가와 네, 여기 있습니다.
그리고 편지를 부치고 싶습니다만.

호텔맨 네, 여기에 수신처를 기입해 주세요.

오가와 이걸로 됐습니까?

호텔맨 네, 괜찮습니다.

오가와 정말 수고 많았습니다.

호텔맨 아니오, 별말씀을요. 볼일이 있으시면 언제라도 오십시오.

8. 한정식을 즐기다

구리타 아, 피곤하다. 배도 고프고.

무라카쓰 아, 그렇군요. 벌써 7시가 지났군요.

구리타 저녁을 무엇으로 먹지요?

박 한정식은 어떻습니까?
한국전통적인 분위기와 전통요리를 맛볼 수 있는 멋진 곳이 있습니다만.

구리타 와, 그것 기대되는군요. 안내해 줄 수 있습니까?

무라카쓰	저도 가이드북에서 보았습니다. 좀 비쌀지도 모르지만. 한 번 먹어보고 싶습니다.
박	불고기를 비롯해, 여러분들이 좋아하는 요리가 테이블 가득히 나옵니다.
무라카쓰	자, 서둘러 갑시다.
박	여기서부터 빠른 걸음으로 가면 10분 정도 거리이기 때문에, 운동 겸해 걸어갑시다.
무라카쓰	이 식당은 복고풍 분위기군요.
구리타	헤, 요리도 맛있을 것 같아요! 한정식은 건강에 좋은 웰빙식이라고 들었습니다만, 정말 그렇군요.
박	그렇지요, 상당히 건강식이지요. 자, 천천히 많이 드세요.

9. 서울 관광

이다	저, 서울에서 추천할 만한 관광지는 어디입니까?
박	서울시내 고궁과 역사 관광지 순환코스가 있습니다.
이다	역사순환코스입니까? 꼭 가보고 싶군요.
박	창덕궁과 종묘, 그리고 서울에서 차로 약 1시간거리인 경기도 수원시에 있는 조선건축의 최고봉인 수원화성은 유네스코 세계유산에 등록되어 있습니다.
이다	아, 그렇습니까? 창덕궁은 어떤 곳입니까?
박	조선시대의 별궁으로 지어진 궁전입니다. 궁전 뒤쪽에 「비원」이라고 불리는 후원이 있으며, 한국을 대표하는 정원이라고 합니다.
이다	네, 그렇군요. 그런데 종묘는 묘지입니까?
박	아니오. 조선왕조시대의 국왕과 왕비의 위패를 모신 왕실의 사당입니다. 다음의 수원화성은 한국의 성곽 중에서 가장 뛰어나다고 평가되고 있습니다.
이다	박씨는 한국역사에 대해 정말 잘 아는군요.
박	아니오, 그 정도는 아닙니다.
이다	이 세 곳을 하루 동안에 다 다닙니까?
박	물론입니다. 돌아갈 때는 한국전통 공예품과 고서, 서화 등을 팔고 있는 인사동에 들러 구경합시다. 거기서 저녁을 먹어도 되구요.

이다	그럼. 박씨. 오늘도 잘 부탁드립니다.

10. 오랜만에 만나다

하시모토	김씨입니까? 하시모토입니다만.
김	아, 하시모토 씨, 지금 어디입니까?
하시모토	서울역에 도착한 지 얼마 되지 않았습니다.
김	그렇습니까? 마중하러 갈 테니 대합실에서 좀 기다려주지 않겠습니까?
하시모토	아니오, 김씨 집까지 혼자서 갈 수 있습니다.
김	하지만 오늘은 비가 와서 길이 복잡하여 택시 잡기가 힘들지도 몰라요.
하시모토	그럼 그렇게 말씀하시니.
김	여, 하시모토 씨. 오랜만이군요. 잘 계셨습니까? 하시모토 덕분에 잘 있었습니다. 김씨의 가족 분들도 건강하시지요?
김	예, 올해 우리 딸이 대학생이 되었습니다.
하시모토	따님이 대학생이 되었습니까? 축하드립니다.
김	고맙습니다. 그런데 하시모토 씨의 일은 잘 돼가고 있습니까?
하시모토	어떻게든 하고 있습니다만, 너무 불경기여서.
김	한국도 마찬가지입니다. 뭐, 불경기 중이긴 하지만 힘내서 열심히 할 수밖에 없지요.
하시모토	호경기를 기다리면서 건강관리를 잘 합시다.

11. 가정방문

김	이쪽은 제 집사람입니다.
스즈키	처음 뵙겠습니다. 스즈키 히데오입니다. 잘 부탁드립니다.
김의 아내	먼 길을 일부러 이렇게 와주셔서(고맙습니다)….
스즈키	아니오, 별 말씀 다하십니다. 부인, 이거 선물입니다. 받아주세요.

김의 아내	뭘 이런 걸 다, 고맙습니다.
스즈키	맛있는 요리가 가득하군요.
김	한국의 가정요리를 맛보게 하려고 아내가 솜씨를 부린 모양입니다.
김의 아내	아무것도 없습니다만, 천천히 많이 잡수세요.
스즈키	그럼, 잘 먹겠습니다.
김	스즈키 씨, 입에 맞습니까?
스즈키	예, 정말 맛있습니다. 부인은 요리를 정말 잘 하는군요. 김씨는 행복한 사람이군요. 상냥하고 솜씨가 뛰어난 아내가 있어서.
김	하하하, 고맙습니다.
김의 아내	밥 더 드시겠습니까?
스즈키	아니오, 충분히 먹었습니다. 정말 잘 먹었습니다.
김의 아내	아니오, 대접이 변변치 못했습니다.

12. 술을 마시다

이케다	한국인은 소주를 좋아하는 사람이 많군요.
김	예, 한국에서 술이면 소주이지요.
이케다	일본에서도 한국의 소주와 막걸리는 큰 인기입니다만, 저는 아직 마신 적이 없습니다.
김	아, 그래요? 그럼 시험 삼아 마셔봅시다.
이케다	와, 안주가 많이 나오는군요.
김	얼마든지 더 주니까 천천히 마시고 먹고 합시다.
이케다	그런데 한국에서는 술 마실 때의 습관이 일본과 좀 다르다고 들었습니다.
김	한국에서는 나이든 사람 앞에서는 정면을 보고 마시지 않는 것이 예의입니다.
이케다	그럼, 나이가 아래인 사람은 어떻게 하면 됩니까?
김	얼굴을 옆으로 돌려 손으로 감추듯이 해서 마십니다. 또 술을 따를 때는 한 손을 팔꿈치 가까이에 대고 따릅니다.
이케다	그렇습니까? 일본과 좀 다르지만 해보겠습니다. 자, 한잔 드세요.

김	이케다 씨, 여기서는 전부 마신 후에 따라야 합니다.
이케다	네? 알면 알수록 어렵군요.

13. 남대문 시장에서

고다	저, 김씨. 오늘은 천천히 식도락여행을 하고 싶습니다만. 어딘가 좋은 곳이 있습니까?
김	네, 그것은 역시 남대문 시장이지요. 고다 씨와 꼭 가고 싶었던 곳입니다. 옛날의 시장 풍경이 그대로 남아 있는 것이 특징입니다. 남대문 시장에 가면 물건도 싸게 살 수도 있고, 맛있는 노점도 많이 있어서 입맛대로 먹을 수 있습니다.
고다	기대가 되는군요.
김	그곳은 일본인 관광객에게도 인기가 높은 관광지 중의 하나이지요.
고다	와, 정말 붐비는군요.
김	항상 북적거리기 때문에 여기에 오면 살아 있다는 기분이 들어요.
고다	저도 그래요. 와, 여기저기 노점에 먹을거리가 가득 있군요. 갑자기 배가 고파졌어요.
김	고다 씨, 매운 것은 괜찮습니까?
고다	네, 저는 한국의 김치도 잘 먹을 수 있어요.
김	그렇다면 떡볶이와 순대 등 여러 가지 먹어봅시다.

14. 체크아웃

아오키	실례합니다. 체크아웃 부탁드립니다.
호텔맨	네, 알겠습니다. 방 열쇠를 주십시오. 아, 302호실 손님이시군요. 잠깐 기다려주십시오.
호텔맨	많이 기다렸습니다. 이틀 밤 숙박에 식사대, 국제 전화료를 포함해서 324,500원입니다. 명세서입니다만 확인해 주시겠습니까?

아오키	맞군요.
호텔맨	지불은 어떻게 하시겠습니까?
아오키	카드로 지불해도 됩니까?
호텔맨	네, 어디 카드입니까?
아오키	비자카드예요.
호텔맨	네, 괜찮습니다. 손님, 여기에 사인 부탁드립니다.
아오키	여기 말이죠?
호텔맨	머무시는 동안 불편은 없었습니까?
아오키	덕분에 편하게 지냈습니다. 고마워요.
호텔맨	그것 다행입니다. 카드를 돌려드리겠습니다. 정말 감사합니다. 또 들려주시기를 기다리고 있겠습니다.

15. 선물을 사다

점원	어서 오세요. 무엇을 찾으십니까?
와타나베	여기저기 구경하다가 마음에 드는 물건이 있으면 살 생각입니다.
점원	여러 가지 있으니 천천히 보세요.
와타나베	사실은 여자 친구에게 줄 선물을 사야 해서.
점원	어머, 여자 친구 분한테 드릴 선물이군요. 그렇다면, 이 화장품은 어떠세요?
와타나베	아, 이것은 일본에서도 알려져 있는 그 유명한.
점원	잘 알고 계시는군요. 일본에서 사는 가격의 반으로 살 수 있습니다.
와타나베	그렇습니까? 그러시다면 스킨로션과 아이크림을 주세요.
점원	고맙습니다. 58,000원입니다.
와타나베	저, 신용카드로 지불해도 됩니까?
점원	네. 괜찮습니다. 손님, 이쪽에 사인 부탁드립니다.
와타나베	네, 이걸로 됐습니까?

점원　네, 좋습니다. 이외에 다른 것은 필요 없습니까?
와타나베　저, 김 파는 매장은 어디입니까?
점원　이쪽을 곧장 가면 막다른 곳의 오른쪽에 있습니다.
와타나베　고마워요.

16. 출국할 때

고바야시　이 호텔에서 인천공항까지 얼마나 걸립니까?
박　리무진이라면 약 1시간 만에 갈 수 있습니다.
고바야시　버스 편은 어떻습니까?
박　예? 버스 말입니까?
집이 많아서 버스는 좀 불편하지 않을까요?
고바야시　그것도 그렇군요. 그럼, 리무진을 타고 편하게 갑시다.
박　네, 그렇게 합시다.

박　항공기에 맡길 짐을 맡기러 갑시다.
그런데 고바야시 씨는 담배를 피웁니까?
고바야시　아니오, 피우지 않습니다.
박　그러시다면, 금연석으로 할까요?
고바야시　네, 부탁드립니다.
박　탑승권과 맡긴 짐의 꼬리표입니다.
고바야시　꼬리표?
박　수하물인환증입니다.
이거 받는 것으로 수속은 끝났습니다.
고바야시　이번에 정말 신세 많이 졌습니다.
박　아뇨, 이쪽이야말로. 다시 만날 수 있기를 기대하겠습니다.
고바야시　그럼, 안녕히 가세요.
박　늘 건강하시고, 안녕히 가세요.

연습문제의 해답

Lesson 3

2 (1) こちらこそよろしくお願いします。
(2) 田中さんにお会いできてほんとうに嬉しいです。
(3) あの方は英語の先生じゃありません。日本語の先生です。

Lesson 4

2 (1) 見晴らしのいい部屋をお願いします。
(2) 東京市内を見物したいです。
(3) お部屋は3階の30号室でございます。

Lesson 5

2 (1) バイキングは２階の右側です。
(2) こちらでご利用になれます。
(3) お手洗いは奥のほうの左側です。

Lesson 6

2 (1) ステーキはミディアムにします。
(2) 辛くないようにお願いします。
(3) お水とメニューをお持ちいたします。

Lesson 7

2 (1) どんなご用件でしょうか。
(2) こちらにご住所をご記入お願いいたします。
(3) これで結構です。

Lesson 8

2 (1) とても素晴らしいところですね。
(2) 難しいかもしれない。
(3) 環境にやさしい製品です。

Lesson 9

2 (1) そちらはどんなところですか。
(2) 一番きれいなところです。
(3) これはとても難しいですね。

Lesson 10

2 (1) ご無沙汰(ぶさた)しております。
(2) お蔭様(かげさま)で何とかやっております。
(3) またお会いいたします。

Lesson 11

2 (1) 何もおかまいできませんで。
(2) どうぞごゆっくりなさってください。
(3) お手洗いを使ってもいいですか。

Lesson 12

2 (1) 私はお酒が飲めないです。
(2) さあ、一杯どうぞ。
(3) 一緒に乾杯しましょう。

Lesson 13

2 (1) 一度食べてみませんか。
(2) 韓国へいらっしゃたらぜひ家に遊びに来てください。
(3) 辛いですが、おいしいです。

Lesson 14

2 (1) チェックアウトをしたいですが。
(2) 今日の為替レートはどうです。
(3) ちょっと確認させていただきます。

Lesson 15

2 (1) 雨だったら中止します。
(2) 行かなくてもいいです。
(3) 来てもらわなくても構(かま)わないです。

Lesson 16

2 (1) 何をおっしゃいます。
(2) 待ち合わせ(場所)はどこにしましょうか。
(3) 風邪を引かないように気をつけてください。

친족의 명칭

친족의 명칭	낮춤말(겸양어)		높임말(존경어)	
할아버지	祖父	そふ	お祖父さん	おじいさん
할머니	祖母	そぼ	お祖母さん	おばあさん
아버지	父	ちち	お父さん	おとうさん
어머니	母	はは	お母さん	お母さん
양친	両親	りょうしん	ご両親	ごりょうしん
남편	主人 夫	しゅじん おっと	ご主人	ごしゅじん
아내	家内 妻	かない つま	奥さん	おくさん
형, 오빠	兄	あに	お兄さん	おにいさん
언니, 누나	姉	あね	お姉さん	おねえさん
남동생	弟	おとうと	弟さん	おとうとさん
여동생	妹	いもうと	妹さん	いもうとさん
딸	娘	むすめ	娘さん	むすめさん
아들	息子	むすこ	息子	むすこさん
아저씨	伯(叔)父	おじ	伯(叔)父さん	おじさん
아주머니	伯(叔)母	おば	伯(叔)母	おばさん
조카(남자)	甥	おい	甥ごさん	おいごさん
조카딸	姪	めい	姪ごさん	めいごさん
사촌	従兄弟	いとこ	従兄弟の方	いとこのかた
가족	家族	かぞく	ご家族	ごかぞく
형제	兄弟	きょうだい	ご兄弟	ごきょうだい
친척	親戚 親類	しんせき しんるい	ご親戚 ご親類	ごしんせき ごしんるい

동사 활용표

		기 본 형	연용(ます)형	て형	た형	부정(ない)형	ば형
5단 동사	ツ음편	買う	買います	買って	買った	買わない	買えば
		待つ	待ちます	待って	待った	待たない	待てば
		乗る	乗ります	乗って	乗った	乗らない	乗れば
	ン음편	死ぬ	死にます	死んで	死んだ	死なない	死ねば
		遊ぶ	遊びます	遊んで	遊んだ	遊ばない	遊べば
		飲む	飲みます	飲んで	飲んだ	飲まない	飲めば
	ィ음편	聞く	聞きます	聞いて	聞いた	聞かない	聞けば
		泳ぐ	泳ぎます	泳いで	泳いだ	泳がない	泳げば
		探す	探します	探して	探した	探さない	探せば
	예외	行く	行きます	行って	行った	行かない	行けば
1단동사	상1단	見る	見ます	見て	見た	見ない	見れば
	하1단	寝る	寝ます	寝て	寝た	寝ない	寝れば
변격동사	カ행	来る	来ます	来て	来た	来ない	来れば
	サ행	する	します	して	した	しない	すれば

		기본형	う/よう형	가능형	れる/られる	せる/させる	명령형
5단동사	ッ음편	買う	買おう	買える	変われる	買わせる	買え
		待つ	待とう	待てる	待たれる	待たせる	待て
		乗る	乗ろう	乗れる	乗られる	乗らせる	乗れ
	ン음편	死ぬ	死のう	死ねる	死なれる	死なせる	死ね
		遊ぶ	遊ぼう	遊べる	遊ばれる	遊ばせる	遊べ
		飲む	飲もう	飲める	飲まれる	飲ませる	飲め
	ィ음편	聞く	聞こう	聞ける	聞かれる	聞かせる	聞け
		泳ぐ	泳ごう	泳げる	泳がれる	泳がせる	泳げ
		探す	探そう	探せる	探される	探せる	探せ
	예외	行く	行こう	行ける	行かれる	行かせる	行け
1단동사	상1단	見る	見よう	見られる	見られる	見させる	見ろ
	하1단	寝る	寝よう	寝られる	寝られる	寝させる	寝ろ
변격동사	カ행	来る	来よう	来られる	来られる	来させる	来い
	サ행	する	しよう	できる	される	させる	しろ

형용사・형용동사・명사 활용표

	기본형	연체형	なる형	て형	た형
형용사	うれしい	うれしい	うれしくなる	うれしくて	うれしかった
	ひろい	ひろい	ひろくなる	ひろくて	ひろかった
	あかい	あかい	あかくなる	あかくて	あかかった
	よい	よい	よくなる	よくて	よかった
	さむい	さむい	さむくなる	さむくて	さむかった
조동사(희망)	食べたい	食べたい	食べたくなる	食べたくて	食べたかった
형용동사	元気だ	元気な	元気になる	元気で	元気だった
	静かだ	静かな	静かになる	静かで	静かだった
	きれいだ	きれいな	きれいになる	きれいで	きれいだった
	自由だ	自由な	自由になる	自由で	自由だった
	便利だ	便利な	便利になる	便利で	便利だった
명사	先生だ	先生の	先生になる	先生で	先生だった
	医者だ	医者の	医者になる	医者で	医者だった

	기본형	ない형	ば/なら	だろう (추측표현1)	そうだ (추측표현2)
형용사	うれしい	うれしくない	うれしければ	うれしいだろう	うれしそうだ
	ひろい	ひろくない	ひろければ	ひろいだろう	ひろそうだ
	あかい	あかくない	あかければ	あかいだろう	あかそうだ
	よい	よくない	よければ	よいだろう (いいだろう)	よさそうだ
	さむい	さむくない	さむければ	さむいだろう	さむそうだ
조동사 (희망)	食べたい	食べたくない	食べたければ	食べたいだろう	食べたそうだ
형용동사	元気だ	元気で(は)ない	元気ならば	元気だろう	元気そうだ
	静かだ	静かで(は)ない	静かならば	静かだろう	静かそうだ
	きれいだ	きれいで(は)ない	きれいなら	きれいだろう	きれいそうだ
	自由だ	自由で(は)ない	自由ならば	自由だろう	自由そうだ
	便利だ	便利で(は)ない	便利ならば	便利だろう	便利そうだ
명사	先生だ	先生で(は)ない	先生なら	先生だろう	・
	医者だ	医者で(は)ない	医者なら	医者だろう	・

	기본형	ようだ (추측표현3)	かもしれない (추측표현4)	―く/―に (부사적 표현)
형용사	うれしい	うれしいようだ	うれしいかもしれない	うれしく
	ひろい	ひろいようだ	ひろいかもしれない	ひろく
	あかい	あかいようだ	あかいかもしれない	あかく
	よい	よいようだ (いいようだ)	よいかもしれない いいかもしれない	よく
	さむい	さむいようだ	さむいかもしれない	さむく
조동사 (희망)	食べたい	食べたいようだ	食べるかもしれない	たべたく
형용동사	元気だ	元気なようだ	元気かもしれない	元気に
	静かだ	静かなようだ	静かかもしれない	静かに
	きれいだ	きれいなようだ	きれいかもしれない	きれいに
	自由だ	自由なようだ	自由かもしれない	じゆうに
	便利だ	便利なようだ	便利かもしれない	便利に
명사	先生だ	先生のようだ	先生かもしれない	先生に
	医者だ	医者のようだ	医者かもしれない	医者に

일본인의 성(性)씨 읽기

順位	性氏	順位	性氏	順位	性氏	順位	性氏
1	佐藤(さとう)	2	鈴木(すずき)	3	高橋(たかはし)	4	田中(たなか)
5	渡辺(わたなべ)	6	伊藤(いとう)	7	山本(やまもと)	8	中村(なかむら)
9	小林(こばやし)	10	斉藤(さいとう)	11	加藤(かとう)	12	山田(やまだ)
13	吉田(よしだ)	14	佐々木(ささき)	15	山口(やまぐち)	16	井上(いのうえ)
17	松本(まつもと)	18	木村(きむら)	19	清水(しみず)	20	林(はやし)
21	山崎(やまさき)	22	池田(いけだ)	23	中島(なかじま)	24	森(もり)
25	石川(いしかわ)	26	橋本(はしもと)	27	小川(おがわ)	28	阿部(あべ)
29	長谷川(はせがわ)	30	石井(いしい)	31	内田(うちだ)	32	岡田(おかだ)
33	青木(あおき)	34	近藤(こんどう)	35	金子(かねこ)	36	和田(わだ)
37	大田(おおだ)	38	小島(こじま)	39	島田(しまだ)	40	遠藤(えんどう)
41	田村(たむら)	42	高木(たかぎ)	43	中野(なかの)	44	小山(おやま)
45	野田(のだ)	46	福田(ふくだ)	47	大塚(おおつか)	48	岡本(おかもと)
49	辻(つじ)	50	横山(よこやま)	51	後藤(ごとう)	52	前田(まえだ)
53	藤井(ふじい)	54	原(はら)	55	三浦(みうら)	56	小野(おの)
57	片山(かたやま)	58	吉村(よしむら)	59	上野(うえの)	60	宮本(みやもと)
61	横田(よこた)	62	西川(にしかわ)	63	武田(たけだ)	64	中川(なかがわ)
65	北村(きたむら)	66	大野(おおの)	67	竹内(たけうち)	68	原田(はらた)
69	松岡(まつおか)	70	矢野(やの)	71	村上(むらうえ)	72	安藤(あんどう)
73	西村(にしむら)	74	関(せき)	75	菊池(きくち)	76	森田(もりた)
77	上田(うえだ)	78	野村(のむら)	79	田邉(タナベ)	80	石田(いしだ)
81	中山(なかやま)	82	松田(まつだ)	83	丸山(まるやま)	84	広瀬(ひろせ)
85	山下(やました)	86	久保(くぼ)	87	松村(まつむら)	88	新井(あらい)
89	川上(かわうえ)	90	大島(おおしま)	91	野口(のぐち)	92	福島(ふくしま)
93	黒田(くろだ)	94	増田(ますだ)	95	今井(いまい)	96	桜井(さくらい)
97	石原(いしはら)	98	服部(はっとり)	99	藤原(ふじわら)	100	市川(いちかわ)

저 자 소 개

■ 이 응 진

일본 긴키(近畿)대학 대학원 상학연구과 박사 졸업(상학박사)
동북아관광포럼(IFNAT) 조직위원장 역임
(현) 동북아관광학회 부회장, 한국일본근대학회 이사 등 다수 학회활동
대구대학교 동아시아관광연구소 소장
경북농민사관학교 농어촌체험지도사과정운영 지도교수
경북FTA대책특별위원회 위원 등 다수 사회활동

주요 저서
- 일본어와 일본관광(공저), 일신사(1999)
- 그린 투어리즘의 분석, 집문당(2004)
- 여행과 관광의 경제학(공역), 일신사(2005)
- 중국여행사업의 미래(공역), 대명출판사(2009)
- 농어촌체험지도사(공저), 대구대학교 동아시아관광연구소(2010)
- 관광개발의 시각과 응용, 대구대학교 출판부(2010) 외 저서 및 논문 다수

■ 송 경 희

계명대학교 일본어문학과 졸업
계명대학교 일본학과 석사 졸업
일본 바이코학원대학 일본어문학과 박사 수료
(현) 계명대학교 일본어문학과 강사
대구대학교 일본어학과 강사

관광일본어

2010년 7월 26일 초판 인쇄
2010년 7월 30일 초판 발행

저 자 이 응 진 · 송 경 희
발행인 (寅製) 진 욱 상

저자와 합의하에 인지첩부 생략

발행처 백산출판사
서울시 성북구 정릉3동 653-40
등록 : 1974. 1. 9. 제 1-72호
전화 : 914-1621, 917-6240
FAX : 912-4438
http://www.ibaeksan.kr
edit@ibaeksan.kr
biz@ibaeksan.kr

값 12,000원
ISBN 978-89-6183-336-3